Karl-Marx-Allee
D-Nord
E-Nord
E-Nord
D-Süd
E-Süd
F-Süd
G-Süd
Frankfurter Tor
Frankfurter Allee
Straße der Pariser Kommune
Petersburger Straße
Warschauer Straße
Niederbarnimstraße
Proskauer Straße

Paulhans Peters

Eine Zukunft für die Karl-Marx-Allee

Fotos von Michael Lindner

Dölling und Galitz Verlag

Impressum
© Copyright Dölling und Galitz Verlag GmbH
Ehrenbergstraße 62, 22767 Hamburg,
Gestaltung: Wilfried Gandras, Bernd Konrad
Herstellung: DZA Druckerei zu Altenburg

Inhalt

Baustelle Stalinallee 1951: Vorne Kellermauern von Block E-Süd, im Hintergrund Bauten der Wohnzelle Friedrichshain.

Einleitung

Stalinallee

Säulen und Quadern wie Schritte,
Fest auf die Erde gesetzt –
Und eine blühende Mitte:
Herrliches Heute und Jetzt!
Herrliches Heute und Hier!
Spruchband leuchtender Worte.
Fahnenumkränzt ist die Pforte,
Durch die der Friede zieht – WIR!
Schwingender, winkender Gang,
Wie ein Triumph ohne Ende
Seht der erhobenen Hände
Jubel im Völkergesang!
Name, den jeder kennt,
Strahlender heute denn je:
Strasse – sein Monument!
Stolze Stalinallee!

Johannes R. Becher, 1952

Via triumphalis der Sowjets

Der Spiegel, 14. Mai 1952

Straßennamen

Früher hieß sie Frankfurter Chaussee, dann ab 1872 Frankfurter Allee. Ab 1949 wurde Berlins wichtige Ausfallstraße in Stalinallee umbenannt. Im November 1961 verlor sie ihren Ehrentitel und wurde zur Karl-Marx-Allee, die jetzt vom Alexanderplatz bis zum Frankfurter Tor reicht. Der östliche Teil heißt wieder Frankfurter Allee.

Deutlicher als bei der Karl-Marx-Allee im Osten Berlins kann man nur selten die Pendelschläge der Zeit spüren: Den Wechsel der politischen Systeme an diesem Ort und die Rigorosität, mit der jedes seine Ideen als die wahren verteidigte. Demgegenüber war der ebenso radikale architektonische Meinungswechsel zwischen den gegensätzlichen Auffassungen vom menschengerechten Städtebau nur Folge einer politischen Überzeugung.

Deswegen hat auf diesem zwei Kilometer langen Straßenzug ein Stück Weltgeschichte ihren stadtbaukünstlerischen Niederschlag gefunden. Hier wurden wie nirgendwo sonst baukünstlerische Glaubenskämpfe ausgefochten: Für oder wider Diktatur und Demokratie, aber auch für oder wider Modernität oder Traditionalismus im Bauen.

Die Stalinallee der fünfziger Jahre gibt Zeugnis von einer Zeit, die in politischer und baukünstlerischer Hinsicht in diesem Buch nicht mit der Elle des Richtig oder Falsch, Gut oder Schlecht gemessen wird, sondern mit der von Wichtigkeit und Bedeutung für die Stadt, für die Allee und die Menschen.

Was einmal mit dem Pathos, dem Jubel über das Nationale Aufbauprogramm begann, wird in diesem Buch sachlich auf seine realen Überlebenschancen untersucht. Die Zukunft der Karl-Marx-Allee liegt jedoch weder im politischen noch im architektonischen Credo, sondern in einer Vielzahl unspektakulärer Sanierungsarbeiten, von denen jede die Geschichte dieser Straße achten muß, um dieses Ziel zu erreichen.

Grundlage und Vorraussetzung dieser Zukunftssicherung ist die Übernahme der Karl-Marx-Allee Ende 1993 durch die DePfa Immobilienmanagement AG, die mit ihren Partnern bei diesem Vorhaben bereits zwei Blöcke saniert hat und an weiteren arbeitet. Daß die Tochter eines westdeutschen Geldinstituts 1993 die Initiative zur Sanierung dieses gebauten Manifestes des Sozialismus ergriffen hat, mag manchen politischen Beobachter zum Nachdenken anregen. Doch wohl nur auf diesem, vor wenigen Jahren noch undenkbarem Weg kann die frühere Stalinallee eine Zukunft haben. Wozu auch gehört, daß ihre städtebauliche Einbindung verbessert wird – auch ein Ziel des DePfa-Engagements. Deren manchmal beachtlich kritische Begleitung beim Entstehen dieser Dokumentation durch Donald Möller und Simone Torzynski hat dazu beigetragen, daß neben dem Bautechnisch-Stadtplanerischen auch der Aspekt der Eigentümerin dargestellt ist (s. Seite 64 als Beispiel).

So ist dieser Bericht die Darstellung einer gemeinschaftlichen Anstrengung aller Beteiligten bei den vielen Arbeitsschritten.

Es sind nicht nur die vieldiskutierten Kacheln an den Straßenfassaden, sondern ebenso die Reparaturen im Innern der Gebäude, wodurch die hier ausführlich dargestellte geleistete Arbeit Beispielcharakter besitzt, weil sie aus maroden Gebäuden solche mit heutigem Standard gemacht hat. – Lernen von der Karl-Marx-Allee.

Hier ist auch Bauen im Bestand geschehen, was für die Bewohner ebenso wichtig wie für die Identität der Stadt ist: Kontinuität trotz politischer Umwälzung. Aus zwei Gründen beschäftigt sich das Buch so ausführlich mit den verschiedenen Arbeiten: Es will die bei der Karl-Marx-Allee gewonnenen Erfahrungen weitergeben, damit Politiker, Wirtschaftler und Baufachleute später bei ähnlichen Problemen darauf aufbauen können. Es möchte aber auch mit diesem Werk-Bericht das Bewußtsein der Öffentlichkeit für die wirklichen Notwendigkeiten und deren sinnvolle Lösungen schärfen und dadurch die Diskussion um die Allee entemotionalisieren.

Das heißt auch, nach der Instandsetzung dieses wichtigen Baudenkmals deutscher Geschichte ihren Bewohnern und Gewerbetreibenden, den Besuchern, aber auch den Verantwortlichen der Stadt in den kommenden Jahrzehnten durch diese Berichterstattung die Möglichkeit zu geben, an der Zukunft der Allee weiterzubauen.

Nachzutragen bleibt dem Verfasser, daß den Anstoß zu diesem Buch die DePfa-Immobilienmanagement AG als Eigentümerin (die auch für die Finanzierung sorgte) und der für die Sanierung verantwortliche Architekt, Olaf Gibbins, gaben.

Baustelle und Aufbauzeit. **Oben:** Der teilweise ausgerüstete Block C-Süd, gegenüber C-Nord, fast hinter den hölzernen Stangengerüsten verschwindend. **Unten:** Strausberger Platz, Baustelle mit politischen Manifesten anläßlich des XIX. Parteitags der KPdSU am 27.9.1952

Mit dem Bau der Stalinallee unterstützen wir
den Friedensschritt unserer Volkskammer.
Brüderlichen Gruß dem XIX Parteitag der KPdSU(B) der zur Stärkung des machtvollen Friedenslagers führt

Oben: Promenade unter noch jungen Alleebäumen.
Unten: Ansichtskarte von 1958. Café Budapest (vorne) und Cafe´ Warschau gegenüber.

Oben: Ansichtskarte von 1959: Viele Menschen, fast keine Autos, die jungen Grünflächen sind noch gut zu erkennen.
Unten: Terrasse des früheren Café Warschau, Blick nach Südosten auf E-Süd und ein Laubenganghaus.

Am 9. März 1953 wurde Stalin in Moskau beigesetzt. Vor seinem Denkmal in der Stalinallee „ehrten die Werktätigen den Zentralsekretär des ZK der KPdSU (B)“, wie die Bildagenturen der DDR schrieben. Blick auf den fast fertigen Block C-Nord, rechts C-Süd.

KONSUM
KONSUM
KUTZ

Die Zeit von 1948 bis 1965

In der Geschichte der Karl-Marx-Allee spiegelt sich wie selten bei einem Bauvorhaben auf deutschem Boden der überwältigende Einfluß der offiziellen Politik auf Städtebau und Architektur wider. 1952 war die Hoffnung auf eine Wiederbelebung der seit 1933 unterdrückten modernen Architektur zerstört, die 1945 noch beide Teile der Stadt beflügelt hatte. An Stelle eines Aufbruchs befahl aber die SED den Rückgriff auf historische Bauformen, die nach neuerlichem politischen Umdenken in der Sowjetunion ab 1953 auch in der DDR unmöglich gemacht wurden. So ergab sich eine eigenartige Situation: Beide Stadthälften Berlins waren politisch zwar zu Exponenten zweier sich befehdender Systeme geworden, hatten aber auf einmal das gemeinsame architektonische Credo, die moderne Architektur. Das alles spiegelt sich heute in der Karl-Marx-Allee und im Westteil der Stadt wider.

Gemeinsame Nachkriegszeit

Den Begriff „Groß-Berlin" gab es seit dem 1. Oktober 1920, als Berlin mit Nachbarstädten, Dörfern und Gutsbezirken zu Groß-Berlin mit seinen 20 Bezirken wurde. Das blieb so unter Hitler, und auch nach dem 8. Mai 1945 stand er für das Gebiet der unter den vier Siegermächten aufgeteilten Stadt in ihrer Einheitlichkeit. Entsprechend gab es gemeinsame Planungen und den Magistrat von Groß-Berlin, in welchem zuerst der Architekt Hans Scharoun und ab Dezember 1946 Karl Bonatz, ebenfalls Architekt und Bruder des allgemein bekannteren Paul Bonatz, die Planung der Stadt bestimmten. Scharoun holte seine Freunde aus der nach 1933 entstandenen illegalen „Freitagsgruppe" in sein Amt, die dann zum „Planungskollektiv" wurde. Zu ihm gehörten u.a. Ludmilla Herzenstein und Reinhold Lingner, beide später tätig an der Stalinallee. Im August 1946 wurde der „Kollektiv-Plan" im Berliner Stadtschloß ausgestellt. Seine Idee: Berlin als eine Stadtlandschaft mit der „Wohnzelle" als kleinstem Baustein.

Die Währungsreform in den Westzonen und zwei Tage später im Osten mit allen vorbereitenden und daraus sich ergebenden Konsequenzen der Spaltung der Stadt und die Gründung der beiden deutschen Staaten im Jahr 1949 waren das Ende eines gemeinsamen Weges auch im Bauen. Die westlichen Stadtteile blieben bei Scharouns Stadtlandschaft, falls hier überhaupt im stadtbildenden Maßstab gebaut wurde. Und der Berliner Sowjetbereich mußte schon aus politischen Gründen das Gegenteil der aufgelockerten Stadt wollen. Das Ergebnis war die Stalinallee in Berlin und das Ende aller „modernen" Wiederaufbaupläne in der DDR wie etwa die „durchgrünte Stadtmitte" von Dresden, wie sie von Hanns Hopp, einem der Stalinallee-Architekten, noch 1946 ganz im Sinne von Corbusiers „Plan Voisin" vorgeschlagen wurde.

Von „Hauptstadt Deutschlands" zu „Hauptstadt der Deutschen Demokratischen Republik"

Die Wandlung in einen sozialistischen Staat ging nur schrittweise vonstatten – immerhin wurde erst 1968 die endgültige Verfassung angenommen. Und ähnlich verschoben sich die Inhalte der Planung und die Rolle ihrer Akteure im Ostteil der Stadt.

Die neue Sozialistische Einheitspartei Deutschlands entwickelte sich bald im Sinne und nach dem Vorbild der KPdSU[1] zur alles dirigierenden Instanz in der Sowjetzone, ab 1949: Deutsche Demokratische Republik (DDR). Und entsprechend dem Willen, alle politische Macht auf sich zu konzentrieren, sagte auf dem III. Parteitag der SED am 22.7.1950 Walter Ulbricht, damals Generalsekretär der SED und Stellvertretender Ministerpräsident der DDR, in bezug auf Planungskompetenzen, daß nicht mehr die Kommunen und Bezirke das Sagen haben dürften, sondern „der Wiederaufbau der zerstörten Städte soll jetzt streng nach den Plänen durchgeführt werden, die vom Ministerium für Aufbau bestätigt sind."[2]

Auch welche Architektur – und damit natürlich auch: welche Architekten – jetzt genehm waren, wurde dekretiert: nicht mehr der verteufelte „Baukastenstil" und der ihn tragende „Kosmopolitismus", sondern alles, was dem Klassizismus ähnelte, gehörte zur neuen deutschen Architektur. Nur was das im einzelnen hieß, wurde von keinem Politiker (und keinem Architekten) definiert. Diese Architektur sollte dem Volk gefallen, es an ihm bekannte alte Bauten erinnern, wie Torbauten und Türme beispielsweise. Auch die damals oft zitierte wissenschaftliche Arbeit half bei der Konkretisierung der neuen Architektur nicht weiter. Und ein halbes Jahr später, bei der 5. Tagung des ZK der SED am 15./17.3.1951 wurde die ganze Architekturdiskussion an die Fachabteilung Bauwesen beim Zentralkomitee (ZK) zur weiteren Kontrolle überwiesen. Sie sollte den Politikern die Arbeit abnehmen und konnte

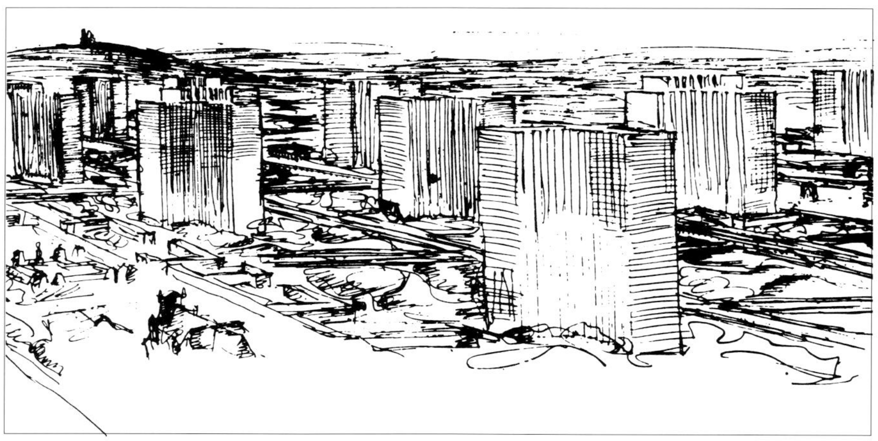

Links: Das Vorbild: Le Corbusier, „Das Zentrum von Paris", Plan Voisin, 1925 **Rechts:** Hanns Hopp, Wiederaufbaukonzept für die Innenstadt Dresdens, 1946

von denen bei eventuellen Abweichungen aber auch zur Rechenschaft gezogen werden. Wie Begriffe der Architekturgeschichte dafür im Sinne von Parteidoktrin verballhornt, ja auch schlicht umgekrempelt wurden, spiegelt auch die allgemeine Unsicherheit wider, die damals herrschte.

Damit war offiziell der gleiche Umschwung durchgeführt wie 20 Jahre vorher in der Sowjetunion jener vom Konstruktivismus der zwanziger Jahre zur stalinistischen Architektur der dreißiger Jahre, die das Ende jeder schöpferischen Arbeit darstellte, denn „wenn man weder innovativ noch traditionell, noch eklektisch bauen darf, kann man überhaupt nichts mehr bauen“. Und ihre Konsequenz ist „im Grunde nichts anderes als eine totale Unterwerfung des Architekten unter den Geschmack der Parteiführung“.[3] Wobei hier nur als Anmerkung erwähnt werden kann, daß das alles Verbindende dieser stalinistischen Architektur das Monumentale in vielfältiger Ausprägung war. Das Grundmuster dafür zeigt Ivan W. Scholtowskis Wohngebäude in Moskau an der Moskowskaja von 1934: von Palladios Loggia del Capitaniato plus seinem Palazzo Da Porto Breganze, beide in Vicenza, übernommene Grundstrukturen und Motive, die beliebig multipliziert und miteinander vermischt wurden, bis die neue Monumentalität erreicht war.

Nicht viel anderes geschah damals beim Entwurf der Stalinallee. Es ist eine popularisierte Baukunst, die gefallen will, ohne große künstlerisch aufrüttelnde Attitüde, die das Alltägliche, nämlich Wohnungen zu bauen, in einem dem Selbstwertgefühl aller Bewohner schmeichelnden Imponiergehabe vollbringen wollte. Der eigentliche Grund für die Stalinallee war der Entschluß, mit einer ungeheuren Kraftanstrengung hier im Zentrum des ehemaligen Arbeiterviertels dreitausend Wohnungen zu erstellen, was trotz bescheidener Ressourcen und fehlender moderner Bautechnik in Jahresfrist geschehen sollte. Dieses Ziel wurde, wenn auch vollständig erst nach sechs Jahren, erreicht und bedeutete für das Selbstverständnis der DDR eine stolze Bestätigung.

Eine solche Leistung vierzig Jahre später aus irgendwelchen Gründen zu negieren wäre abwegig. Nur – und darin liegt der Grund für die sehr unterschiedliche Betrachtungs- und Bewertungsweise – wurde für diese dreitausend Wohnungen ein architektonisch und städtebaulich unangemessenes Kleid geschneidert, eine Importarchitektur, die die dahinterliegende Bauleistung mit geliehenem Fassadenpathos überdeckte, das bereits überholt war, ehe der letzte Block bezogen wurde.

Das Vorbild Sowjetunion wurde schon früher befragt, als sich eine Delegation des Ministeriums für Aufbau im April 1950 auf eine Studienreise durch einige sowjetische Städte aufmachte. Das Ergebnis waren die „Grundsätze des Städtebaus“, die im Ministerialblatt der DDR vom 16.9.1951, Seite 153, als von der Regierung der DDR bestätigt wurden. Diese gemeinhin „16 Grundsätze“ genannten Regeln haben die heute auch von westlichen Ländern bejahte Reurbanisierung der Stadt zum Ziel – und stehen damit in erklärtem Gegensatz zur „Charta von Athen“[4], deren Thesen als das Evangelium des sogenannten modernen Städtebaus angesehen werden können. Aber im Gegensatz zur Privatmeinung der Charta sind die 16 Grundsätze Regierungssache, also Parteidoktrin und für den Planer verbindlicher Bestandteil des Aufbaugesetzes. Trotz ihrer parteipolitischen Festlegungen enthalten die meisten der 16 Grundsätze mehr Wirklichkeitssinn als die von Corbusier ideologisierte Charta und sind heute längst zu unausgesprochenen Richtlinien für städtebauliche Entscheidungen in ganz Deutschland geworden.

In seiner Rede vor der Volkskammer am 31.10.1951 meinte Ulbricht: „Gleichzeitig

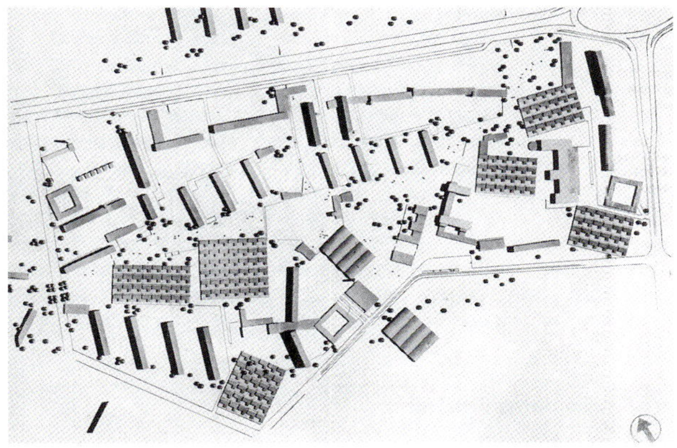

Oben: Andrea Palladio, Palazzo da Porto Breganze, Vicenza, nach 1571, und eine Kolonnade als seitliche Begrenzung der Stalinallee

Unten: Ludmilla Herzenstein, eins der beiden realisierten Laubenganghäuser an der Stalinallee, 1949–50. Hans Scharoun, Wohnzelle Friedrichshain, 1949.

Der Wettbewerb Stalinallee

Der Magistrat lobte am 25.4.1951 den Wettbewerb aus, der zuvor vom Sekretariat der SED abgesegnet worden war. In ihren konkreten Angaben zu Wohnungen („In der Architektur der Wohnbauten sollen die besten Berliner Bautraditionen kritisch ausgewertet werden."[9]) blieb die Ausschreibung überraschend wortkarg für dieses Hauptthema. Auch bei Bauwirtschaft, Bautechnik usw. war sie ziemlich oberflächlich. Auch bemängelten Teilnehmer die vorgeschriebene Ziegelbauweise, die für acht und mehr Geschosse wenig geeignet sei. Sie wurden aber dahingehend belehrt, daß „besondere Konstruktionen wie Stahlbeton o.ä."[10] nicht zu berücksichtigen seien. Auch die städtebaulich so entscheidenden Punkte, wie denn die Stalinallee mit den anschließend zu errichtenden oder bestehenden Wohngebieten verknüpft werden sollte, gab es nicht in der Ausschreibung, deren wichtigster Inhalt die beidseitige Bebauung einer neuen Straße war. Beispielsweise hätten 17 Querstraßen abgeriegelt oder überbaut werden müssen, wenn die gewünschte städtebauliche Lösung erreicht werden sollte.

Obwohl der Wettbewerb offen für alle Architekten der DDR und in Groß-Berlin war, gingen am 31.7.1951 nur 46 Arbeiten ein. Die Jury trat am 27.8.1951 zusammen. Ihr Vorsitzender war ein Politiker, der Oberbürgermeister Ebert. Doch schon zehn Tage vorher, bereits am 21.7.1951 hatte das Politbüro der SED eine Kommission benannt, die nach der Juryentscheidung ihre eigene Stellungnahme der Parteiführung übergeben sollte. Die Kommission leitete, man ist geneigt zu sagen: natürlich, Walter Ulbricht. Damit sicherte sich die SED den nach ihrem Selbstverständnis ihr wohl zustehenden Part.

Unter diesem Aspekt betrachtet, war die Jury-Entscheidung rein akademisch. Der spätere politische Entschluß für die Realisierung sah nämlich anders aus. Sie erkannte den 1. Preis dem jungen Erfurter Architekten Egon Hartmann zu. Die beiden nächsten Preise gingen an Meisterwerkstätten der Deutschen Bauakademie unter Richard Paulick und Hanns Hopp. Den vierten gewann das Leipziger Kollektiv Souradny, Auspurg und Burghardt, während der fünfte Preis an die Brigade Kurt W. Leucht vom Aufbauministerium ging.

Hartmanns Entwurf gibt dem langen Straßenzug – 1,9 km einschließlich Strausberger Platz und heutigem Frankfurter Tor – eine kleinteilige Strukturierung, den beiden Plätzen je eine quer- und eine hochrechteckige Form, dem Platz gegenüber der Sporthalle (von Richard Paulick, 1950, später abgerissen) ein Forum. Am Knick des Strausberger Platzes plaziert er asymmetrisch als point de vue ein schlankes Hochhaus. Sein Konzept fügt sich dem seit mehreren Jahren befohlenen Stadtplanungskanon ein wie die anderen Preisträger. Die „modernen" Wettbewerbsteilnehmer waren in den ersten Rundgängen bereits ausgeschieden. Stellvertretend für die vielen Stellungnahmen zu dem Ergebnis mögen einige typische Bemerkungen aus dem Bericht von Kurt W. Leucht, selbst Wettbewerbsteilnehmer und 5. Preisträger, stehen: „Die Teilnehmer ... haben den Weg des kritischen Aneignens der nationalen Werte in der deutschen Baukunst beschritten." Und an anderer Stelle: „Die Stalinallee ist durch ihre Lage in den Arbeitervierteln ... eine der wichtigsten Aufmarschstraßen ... geworden ...."[11] Eine Mischung aus Ausschreibungs- und Juryprotokollzitaten und politischen Ergebenheitsadressen...

(Fortsetzung Seite 29)

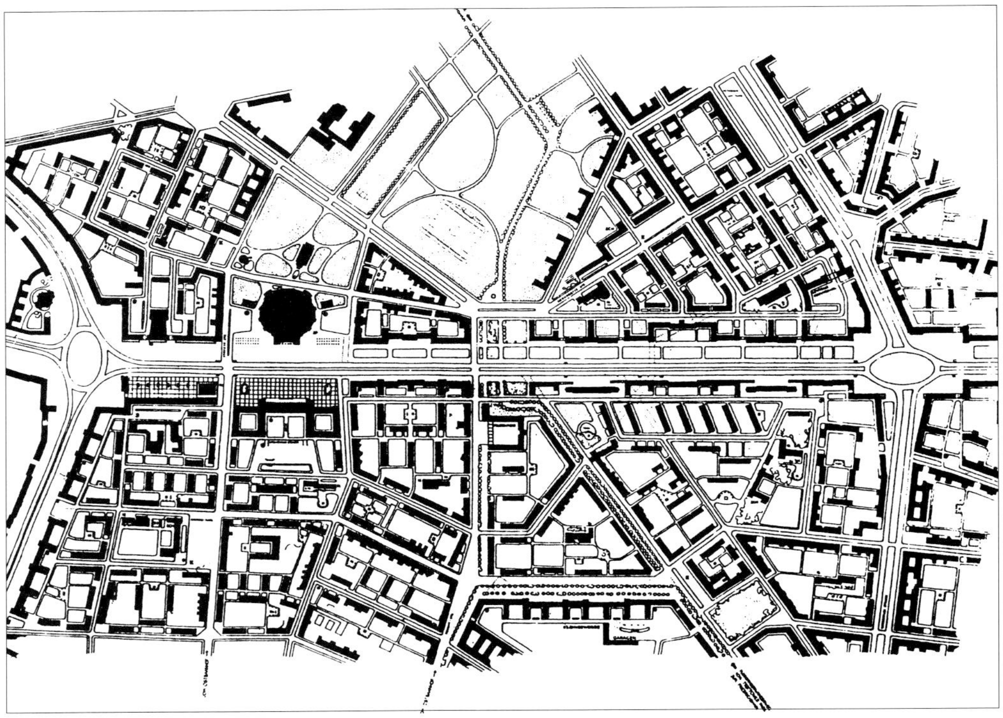

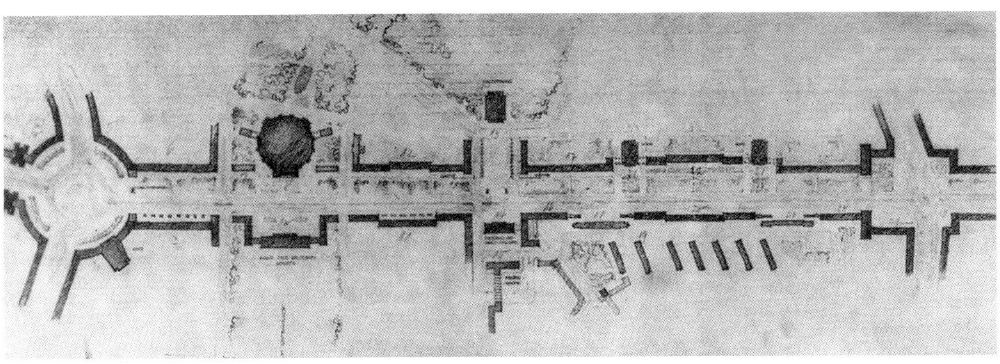

Oben: Egon Hartmann, 1. Preis im Wettbewerb 1951, Lageplan M 1 : 20000. **Unten:** „Kienbaum-Plan", 1951 (s. Seite 29), M 1 : 20000.

Exkurs: Wettbewerb Stalinallee

Bedingungen für den Wettbewerb zur Erlangung von Bebauungsvorschlägen und Entwürfen für die städtebauliche und architektonische Gestaltung der Stalinallee in Berlin

Vorbemerkung
Der Magistrat von Groß-Berlin schreibt einen Wettbewerb zur Erlangung von Entwürfen für die städtebauliche und architektonische Gestaltung der Stalinallee in Berlin aus.
Zugelassen zum Wettbewerb sind alle Architekten der Deutschen Demokratischen Republik und Gesamtberlins.
Der Wettbewerb ist die erste große baukünstlerische Aufgabe mit dem Ziel, für den Neuaufbau Berlins an entscheidender Stelle die architektonische Lösung zu finden, die der Bedeutung der Hauptstadt Deutschlands entspricht.
Grundlage für den neuen Ausdruckswillen ist unsere neue Gesellschaftsordnung, die den Kampf um ein friedliebendes, demokratisches und einheitliches Deutschland zum Inhalt hat. Der Fünfjahrplan gibt auf wirtschaftlichem und kulturellem Gebiet die Voraussetzungen, mit dem großzügigen Neuaufbau Berlins zu beginnen.
Die deutschen Künstler und mit ihnen die Architekten stehen im unversöhnlichen Kampf gegen den Formalismus, der eine Verfallserscheinung des Imperialismus ist. Unsere Architekten müssen sich in ihren Werken von dem Optimismus unseres Aufbaus, der den wahren Interessen des Volkes dient, leiten lassen.
Die neuen realistischen Ausdrucksformen können nur auf der Grundlage des kritischen Aneignens des Kulturerbes, in erster Linie der Kulturtraditionen des eigenen Volkes, gefunden werden, im bewußten Gegensatz zu den kosmopolitischen Anschauungen, die im Interesse der amerikanischen Weltherrschaftsideen auch in der Architektur jegliche nationale Eigenart ablehnen.
Auch Berlin hat seine wertvollen Bautraditionen, die mit den Namen Schlüter, Knobelsdorff, Gilly, Langhans und Schinkel verknüpft sind. Ihre Bauwerke legen noch heute Zeugnis ab von dem fortschrittlichen Geist und dem großen Können dieser bedeutenden Meister der deutschen Baukunst.
Im kapitalistischen Berlin wurden die Arbeiterviertel mit ihren Mietskasernen im Osten der Stadt zum städtebaulichen Schandfleck der Hauptstadt Deutschlands. Die Neuplanung und der Neuaufbau sehen in erster Linie eine grundlegende Veränderung dieses Stadtteils vor.
Die Stalinallee, die wichtigste Verkehrsader in Berlin, erschließt die Arbeiterviertel des östlichen Stadtgebietes. Sie mündet am Strausberger Platz in das Ringstraßensystem, das das Zentrum einschließt. Sie findet ihre Fortsetzung in dem Straßenzug Strausberger Platz, Alexanderplatz, Rathausstraße, Marx-Engels-Platz und Unter den Linden. Diese Linienführung ist als architektonische Achse des Zentrums von besonderer städtbaulicher Bedeutung. Die Stalinallee ist weiter die wichtigste Aufmarschstraße des östlichen Stadtgebietes für Kundgebungen und Demonstrationen im Zentrum und für den traditionellen Aufmarsch zu den Gräbern der großen Sozialisten auf dem Zentralfriedhof in Friedrichsfelde.
Entsprechend ihrer Bedeutung soll die Stalinallee eine repräsentative Gestaltung erfahren, die einmal durch die Breite der Straße und die Höhe der Bebauung und zum anderen durch die architektonische Komposition und Gestaltung der Baukörper zum Ausdruck kommen soll.
In der Architektur der Wohnbauten sollen die besten Berliner Bautraditionen kritisch ausgewertet werden. Die neuerstellten Wohnbauten an der Stalinallee entsprechen nicht den gestellten Anforderungen. Ihre mechanische Aneinanderreihung von Wohnungstypen entbehrt jeglicher städtebaulichen Komposition und des architektonischen Ausdrucks. Bei den Entwürfen soll daher auf eine gute Gliederung der Baukörper und auf die Durchbildung der architektonischen Details besonderer Wert gelegt werden. (Balkone, Loggien, Erker, Gesimse, Hauseingänge, Fenster, Sockel usw.)

Unterlagen
Als Unterlagen werden den Bewerbern zur Verfügung gestellt:

1. Ein Übersichtsplan des Bezirks Friedrichshain mit Kennzeichnung des Wettbewerbsgebietes und mit Darstellung des gegenwärtigen Straßennetzes.

2. Ein Lageplan im Maßstab 1 : 2000 mit Eintragungen der vorgeschlagenen Verkehrsplanung, der neuen Fluchtlinien und des Gebäudebestandes. Der Plan zeigt ferner die Eingliederung der anschließenden Wohngebiete in die geplanten Wohnbezirke.

3. Ein Lageplan des Teilgebietes zwischen Fruchtstraße und Warschauer/Bersarinstraße im Maßstab 1 : 500. In diesem Lageplan sind der Bestand an Altbauten und die bereits errichteten sowie die im Bau befindlichen Neubauten eingetragen.

4. Ein Querschnitt durch die Stalinallee bei der Mögliner Straße im Maßstab 1 : 200, mit Eintragungen der neuen und alten Baufluchten. Dieser Querschnitt gilt als bindende Unterlage für die Bearbeitung.

5. Eine technische Beschreibung betreffend Baugrund, Grundwasser, Versorgungsnetz usw.

Die Aufgabe
Die Aufgabe des Wettbewerbs ist:
Die städtebauliche Lösung des Straßenzuges Stalinallee zwischen Strausberger Platz und Bersarin-/Warschauer Straße einschließlich der Platzgestaltungen an den Kreuzungen. Andere Vorschläge für die Verkehrslösungen an den Kreuzungen stehen im Ermessen der Teilnehmer.
Ausgangspunkt des Bebauungsvorschlages ist das geplante Profil unter Beibehaltung der bestehenden Fahrbahn und unterirdischen Anlagen und einer einseitigen Verbreiterung nach Norden mit einer durchschnittlichen Breite von 75 m zwischen den Baufluchten. Die Höhe der Bebauung soll im allgemeinen nicht unter acht Geschosse betragen. Es soll an eine gegliederte Randbebauung gedacht werden, wobei die Ost-West-Richtung der Straße zu betonen ist. Die eingetragenen Baufluchtlinien stellen also den Mindestabstand zwischen den Baufluchten dar. Neben den Neubauten ist auf den vorhandenen Altbaubestand so weit Rücksicht zu nehmen, daß eine Erstellung der Neubauten in Teilabschnitten möglich ist und die Stalinallee nach einem späteren Abriß der Altbauten durch Erstellung der restlichen Bauabschnitte eine endgültige Gestaltung findet.
Der Grünzug vom Friedrichshain über die in Zukunft aufzulassenden Friedhöfe im Gebiet zwischen Frieden- und Fruchtstraße soll später einmal an die Stalinallee angeschlossen werden.
Die in der Stalinallee zu errichtenden Gebäude sollen Wohnhochhäuser sein, in deren Erdgeschossen vorwiegend auf der Südseite der Stalinallee repräsentative Läden überörtlicher Bedeutung vorzusehen sind. In die Bebauung sind ferner einzubeziehen: 2 Kinos mit je 1000 bis 1200 Plätzen (wovon ein Kino mit Bühne auszustatten ist) und einige Gaststätten und Cafés, für deren Lage die Nordseite der Straße besonders geeignet erscheint. Zur Entlastung des Durchgangsverkehrs sind für den Ortsverkehr (Anlieferung zu den Läden, Versorgung der Wohnhochhäuser) Anliegerstraßen erforderlich.
Die Planung sieht in den angrenzenden Wohnbezirken eine Nettowohndichte von etwa 500 Einwohnern je Hektar vor, wobei längs der Stalinallee selbst eine höhere Wohndichte möglich ist.

Wohnungsgrößen:
Vorwiegend 2- und 3-Zimmer-Wohnungen.
Ein geringer Prozentsatz 4-Zimmer-Wohnungen.

Zweizimmerwohnungen:
Wohnfläche max. 40 qm.
Nutzfläche max. 67 qm.

Dreizimmerwohnungen:
Wohnfläche max. 50 qm.
Nutzfläche max. 83 qm.

Die Mindestgröße für Zimmer 12 qm.

Nähere Angaben über die Ausstattungen der Wohnbauten und Läden siehe technische Beschreibung.

Geforderte Leistungen der Teilnehmer
1. Ein Lageplan im Maßstab 1 : 2000 mit Eintragung der Bebauung, des Anliegerverkehrs und der Begrünung.
2. Je ein Massenaufbauplan (Abwicklung) der beiden Straßenfronten 1 : 500.
3. Ein Teilbebauungsplan (Abschnitt Fruchtstraße, Bersarin-/Warschauer Straße) im Maßstab 1 : 500, mit schematischer Eintragung der Wohnungseinheiten, der Aufschließung und Begrünung.
4. Grundrisse, Fassaden und Schnitte eines typischen Teiles des unter 3. genannten Bauabschnittes im Maßstab 1 : 200, und zwar Erdgeschosse und Obergeschosse, soweit zur Erläuterung erforderlich. Bei der Lösung der Grundrisse sind aus wirtschaftlichen Gründen Mehrspänner anzustreben. Da zunächst nur auf Ziegelbauweise zurückgegriffen werden kann, ist Rücksicht auf die Anwendung neuzeitlicher Maurermethoden zu nehmen. Dachkonstruktionen, Treppenhäuser, Deckenkonstruktionen sollen die Verwendung genormter Fertigbauteile ermöglichen.
5. Zwei Schaubilder, und zwar eine Vogelschau des gesamten Abschnittes mit der Blickrichtung zum Stadtzentrum und ein typisches Schaubild des Teilabschnittes. Die Blattgröße aller Zeichnungen und Schaubilder muß einheitlich –,90 m Höhe innehalten. Alle Zeichnungen sind in Schwarz-weiß-Technik einzureichen, dabei können Grünflächen farbig angelegt werden. Fassaden und Schaubilder sollen nach Möglichkeit farbig dargestellt werden.
Weitere Zeichnungen und Schaubilder als die geforderten und Modelle werden von der Beurteilung ausgeschlossen und dem Preisgericht nicht vorgelegt.

Preise und Ankäufe
Für Preise und Ankäufe sind ausgesetzt:

Ein 1. Preis von	DM	50 000,–
ein 2. Preis von	DM	30 000,–
ein 3. Preis von	DM	20 000,–
und 7 Ankäufe à DM 5 000,–	DM	35 000,–
insgesamt	DM	135 000,–

Das Preisgericht hat das Recht, die ausgesetzte Summe im Bedarfsfalle auch anders aufzugliedern.

Preisgericht
Das Preisgericht haben übernommen
als beratende Mitglieder:

Vertreter der demokratischen Massenorganisationen und Aktivisten. als Preisrichter:
1. Oberbürgermeister Friedrich Ebert, Berlin;
2. Stadtrat Bruno Baum, Berlin;
3. Walter Pisternik, Hauptabteilungsleiter im Ministerium für Aufbau, Berlin; →

4. Edmund Collein, Vizepräsident der Deutschen Bauakademie, Berlin;
5. Prof. Henn, Technische Hochschule, Dresden;
6. Fritz Reuter, 1. Vorsitzender der IG Bau-Holz, Berlin;
7. Dozent R. R. Wagner, Hochschule für Architektur, Weimar;
8. Frau Roberta Gropper, Vorsitzende des Demokratischen Frauenbundes, Berlin.

Die Entscheidung des Preisgerichtes ist unanfechtbar.

Vorprüfung

Die Sichtung und Vorprüfung der eingegangenen Entwürfe sowie die Vorarbeiten für das Preisgericht werden durch das Hauptamt Stadtplanung, Magistrat von Groß-Berlin, vorgenommen und durch die Herren Hennig und Menzel durchgeführt.

Allgemeine Bedingungen

Termine

Die Entwürfe sind bis zum 31. Juli, mittags 12 Uhr, an das Hauptamt Stadtplanung, Berlin C 2, Klosterstraße 47/59, Zimmer 378, einzureichen. Mit der Post abgesandte Entwürfe müssen durch den Aufgabestempel den gleichen Termin nachweisen.

Kennzeichnung

Jedes Blatt der eingereichten Entwürfe und jedes Schriftstück erhält in der rechten oberen Ecke eine sechsstellige Kennziffer in der Größe von 1 cm Höhe und 5 cm Länge. Der Name des Verfassers wird in einem undurchsichtigen Umschlag mit derselben Kennziffer dem Entwurf beigefügt. Handschriftliche Eintragungen auf Zeichnungen und Schriftstücken und auf dem Umschlag sind nicht gestattet und führen zum Ausschluß der eingereichten Arbeiten.

Sonstiges

Die Wettbewerbsunterlagen sind gegen eine Gebühr von DM 20,- zu erhalten beim Magistrat von Groß-Berlin, Abteilung Aufbau, Hauptamt Stadtplanung, Berlin C 2, Klosterstr. 47, Zimmer 378 – Fernruf 42 00 51, Hausanschluß 402 – oder gegen Voreinsendung des Betrages von DM 20,- an Berliner Stadtkontor, Berlin C 111, Kurstraße, oder auf dessen Postscheckkonto Berlin NW Konto Nr. 8 unter dem Kennwort „Wettbewerb Stalinallee". Die Gebühr wird jedem Teilnehmer am Wettbewerb in voller Höhe zurückerstattet. Bewerber, die auf eine Teilnahme am Wettbewerb verzichten, erhalten bei Rücksendung der vollständigen Unterlagen bis zum 21. Mai die Hälfte der Gebühr zurück.
Rückfragen von grundsätzlicher Bedeutung über den Wettbewerb und die Ausschreibungsbestimmungen sind bis zum 15. Juni an das Hauptamt Stadtplanung zu richten. Die Anfragen werden gemeinsam beantwortet und allen Teilnehmern, deren Anschrift bekannt ist, zugesandt.
Alle rechtzeitig eingegangenen Arbeiten werden 14 Tage öffentlich ausgestellt.
Die nicht prämiierten oder angekauften Entwürfe werden auswärtigen Teilnehmern nach Schluß des Wettbewerbs zurückgesandt. Die preisgekrönten und angekauften Entwürfe gehen in den Besitz der Stadt Berlin über, wobei dem Verfasser das Recht der Veröffentlichung verbleibt.
Durch seine Teilnahme am Wettbewerb erkennt der Verfasser die Bedingungen der Ausschreibung an.

Berlin, den 25. April 1951.

Magistrat von Groß-Berlin
Ebert, Oberbürgermeister

Technische Angaben zum Wettbewerb Stalinallee

Die im vorgesehenen Teilabschnitt (Ziff. 3) verlaufende Stalinallee liegt im Kreuzpunkt Fruchtstraße auf Ordinate 35,68 m und im Kreuzpunkt Warschauer/Bersarinstraße auf Ordinate 37,02 m. Die Straße wird zweibahnig mit je 9 m Breite und einem Mittelgrünstreifen von 6,44 m Breite geführt. Die neue nördliche Baufluchtlinie liegt von der Grünstreifenmitte 56,50 m entfernt. Auf der Südseite sind die alten Baufluchtlinien beibehalten; sie variieren in ihrem Abstand von Mitte Grünstreifen zwischen 18,33 und 24,75m.

Baugrund:
Fundamentreste der Altbebauung, mittelguter Baugrund, Feinsand.
Grundwasserspiegel 3,85 m bis 5,40 m.
Zulässige Bodenpressung 2,5 kg/qcm.

Entwässerung:
Ausreichendes Ortsnetz.

Nutzwasser:
Druckverhältnisse normal, über 7 Geschosse Pumpanlage mit Speicher notwendig.
Gasanschluß:
Druckverhältnisse ausreichend.

Heizanlage und Heißwasserversorgung:
Zentrale Versorgung durch eine Heizanlage auf der Nordseite mit gasbeheizten Kesseln vorgesehen. Später evt. Anschluß an ein Fernheizwerk. Warmwasserpumpheizung und zentrale Heißwasserbereitung.
Kesselhausgröße etwa 450 qm.
Gasabzugsschornstein über höchstes Geschoß führen. Querschnitt etwa 9 x 50 x 60.

Installation:
Anordnung von Installationspaketen als vorfabrizierte Steigstränge der Versorgungs- und Abwasserleitungen etwa 20 x 50 cm groß. Zusammenlegung der zu installierenden Räume notwendig.

Installationsgegenstände:
Küchenherde elektrisch, Größe 50 x 60 cm mit zweiseitigen Abstellplatten je 15 cm breit. Wannen 0,75 x 1,70 m groß. Handwaschbecken 0,31 x 0,5 m groß, 28,5 cm hoch. Ausgußbekken Küche als Doppelbecken 0,42 x 0,80 m groß, Klosettbecken 0,37 x 0,48 m groß.

Müllschluckanlagen:
Schachtgröße 30 x 40 cm oder 45 cm im Durchmesser gemauert oder Tonrohre. Entlüftung über Dach. Abgeschlossener Müllsammelraum im Keller mit Einfüllvorrichtung für die Müllkästen, Feuerschutzeinrichtung. Bis 50 Haushalte an einem Abwurfschacht möglich.

Feuerschutz:
Zapfstellen für Löschwasser mit Schlauchanschlußstutzen im Treppenhaus. Hochhäuser über 22 m mit Fluchtleitern in den oberen Geschossen.

Fahrstühle:
Selbstfahrer 4 Personen, Fahrkorbgröße 1,075 x 1,270 m, lichte Schachtgröße 1,50 x 1,40 m, Motorenraum über Fahrstuhlschacht.

Ladeneinbauten der HO im Teilabschnitt:

Durchlaufende Ladengeschosse im Erdgeschoß
1200 qm Ladenfläche,
400 qm Nebenräume,
100 Mann Personal.

Einzelläden
710 qm Ladenfläche,
450 qm Nebenräume,
166 Mann Personal.

Verwaltung
270 qm Bürofläche,
70 Mann Personal.

Lager
1000 qm Lagerfläche,
66 Mann Personal.

Aufenthalts- und Speiseraum
450 Personen (insgesamt).

Küche
mit Büfett – 50 qm –.

Ärztliche Betreuungsstelle
3 Räume, insgesamt 60 qm.

Wäschereianlage (auf der Nordseite):
für 1200 Personen.

Beheizung von Zentralheizanlage, später Fernheizwerkanschluß, Anlage mit Waschkojen für Selbsthilfe und Waschmaschinenraum, Mangelraum, Trockenraum, Plättraum, Gardinenspannraum.

Gesamtgröße etwa 650 qm.

1. Sitzung des Preisgerichtes am 27. August 1951

Anwesend waren:
1. Oberbürgermeister Friedrich Ebert, Berlin;
2. Bruno Baum, Berlin;
3. Walter Pisternik, Hauptabteilungsleiter im Ministerium für Aufbau, Berlin;
4. Edmund Collein, Vizepräsident der Deutschen Bauakademie, Berlin;
5. Prof. Henn, Technische Hochschule, Dresden;
6. Fritz Reuter, 1. Vorsitzender der IG Bau-Holz, Berlin;
7. Dozent R. R. Wagner, Hochschule für Architektur, Weimar;
8. Frau Roberta Gropper, Vorsitzende des Demokratischen Frauenbundes, Berlin.

Ferner nahmen an der Sitzung teil:
Rebetzky, Magistratsdirektor, Berlin;
Hennig, Hauptreferent beim Magistrat Berlin.

Beginn: 14.15 Uhr in den Arbeitsräumen des Oberbürgermeisters im Neuen Stadthaus.

Das Preisgericht bestimmt Oberbürgermeister Friedrich Ebert zum Vorsitzenden.
Nach einleitenden Bemerkungen des Vizepräsidenten der Deutschen Bauakademie über die Grundsätze des Wettbewerbs und einer Darstellung des Schemas, nach dem die Vorprüfung vorgenommen wurde, wurde beschlossen, eine Besichtigung der eingegangenen Entwürfe vorzunehmen, die im Berolina-Haus aufgestellt sind.
Nach Wiederaufnahme der Sitzung im Berolina-Haus wurde festgestellt, daß der eingereichte Entwurf Nr. 32 in den geforderten Unterlagen und insgesamt unvollständig und aus dem Wettbewerb auszuschließen ist.
Nach einem informatorischen Rundgang, bei dem Herr Hennig die jeweiligen Ergebnisse der Vorprüfung bekannt gab, wurden folgende Wettbewerbsnummern aus nachstehend aufgeführten Gründen ausgeschieden und mit einem blauen Zeichen versehen:

Nr. 1 wegen völlig unzulänglicher Bearbeitung des Gesamtentwurfs.

Nr. 2 wegen großer offensichtlicher städtebaulicher und architektonischer Mängel.

Nr. 3 erfüllt die gestellten städtebaulichen Anforderungen nicht und ist besonders architektonisch unbefriedigend.

Nr. 4 zeigt eine überwundene Auffassung von Zeilenbau.

Nr. 5 wegen großer Monotonie in der Randbebauung, verwendet Doppelstock-Wohnungen und Laubenganghäuser.

Nr. 6 Eintönig und zu klotzig im Massenaufbau, keine städtebauliche Raumwirkung, die architektonischen Einzelheiten sind unbefriedigend.

Nr. 8 Im architektonischen Aufbau von schematischer Wiederholung, städtebaulich sehr unvollkommen und ohne Berücksichtigung der vorhandenen Substanz.

Nr. 9 Die architektonischen Ziele der Ausschreibung erscheinen hier völlig ignoriert.

Nr. 10 Sehr unvollkommener Entwurf, ebenfalls nicht auf die Intentionen der Ausschreibung eingehend.

Nr. 14 Vorwiegend Zeilenbauweise ohne Ausdruckswillen und Architektur.

Nr. 19 Völlig unbefriedigende Grundrisse, die schematisch aufgestellten Baublöcke architektonisch sehr schwach.

Nr. 20 Schematische Gestaltung und auch städtebaulich völlig unbefriedigend.

Nr. 21 Ohne Qualität in Städtebau und Gestaltung, schlechte Grundrisse.

Nr. 22 Die Grundrißlösungen sind überwiegend unzulänglich, städtebaulich ohne Lösung in der Architektur schwach, keine Bearbeitung der rückwärtigen Wohnkomplexe.

Nr. 23 Schematische Fassaden, überholte Zeilenbebauung. Die Wohndichte im rückwärtigen Gebiet weit über 500 Personen pro ha.

Nr. 24 Unmöglicher Vorschlag der Brücke, die Plätze sind städtebaulich unbefriedigend gelöst.

Nr. 30 In der Architektur vielgestaltig aber ohne spezifische Berliner Architekturelemente. Städtebaulich etwas schematisch in der Auffassung, Wohnungen teilweise mit Nordlage.

Nr. 31 Städtebaulich und architektonisch unzulänglich bearbeitet, viel Verwendung von Denkmälern aber keine Komposition.

Nr. 34 Schlechte Wohnhausgrundrisse, Zehnspänner mit dunklen Mittelfluren, kein Aufbau in den Baumassen.

Nr. 37 Schematismus in städtebaulicher Beziehung, Fünfspänner mit dunklen Fluren, einförmige und trockene Architektur.

Nr. 38 Ohne Berücksichtigung der Substanz, dunkle Korridore der Wohnhäuser, in der Architekturgliederung nicht überzeugend.

Nr. 39 Städtebaulich und architektonisch von unzulänglicher Auffassung und Ausführung.

Nr. 40 Unmögliche Verkehrsvorschläge. Monoton in der Gliederung der Gebäude, der Standort des Hochhauses auf der Kreuzung Bersarinstraße – Stalinallee ist nicht möglich.

Nr. 42 Städtebaulich nicht überzeugend, die geforderten Höhen sind überschritten, in den Baumassen ungegliedert.

Nr. 45 Unbefriedigende Architektur, in den Standorten der Gebäude fehlerhaft, die Hochhäuser gehören an den Eingang zum Zentrum am Strausberger Platz.

Das Preisgericht beschloß, am Mittwoch, dem 29.8.1951, 7.30 Uhr wiederum im Berolina-Haus zusammenzutreten, um die im Wettbewerb verbliebenen Entwürfe in weiteren Durchgängen nochmaligen Prüfungen zu unterziehen. Das dabei erzielte Ergebnis soll dann den in den Wettbewerbsbestimmungen vorgesehenen beratenden Mitgliedern des Preisgerichts vorgetragen und nach gemeinsamer Beratung eine endgültige Entscheidung über Preisträger und Aufgliederung der Preise vorgenommen werden.

Ende: 18.55 Uhr

2. Sitzung des Preisgerichtes am 29. August 1951

Anwesend waren:
1. Oberbürgermeister Friedrich Ebert, Berlin;
2. Bruno Baum, Berlin;
3. Walter Pisternik, Hauptabteilungsleiter im Ministerium für Aufbau, Berlin;
4. Edmund Collein, Vizepräsident der Deutschen Bauakademie, Berlin;
5. Prof. Dr. Henn, Technische Hochschule, Dresden;
6. Fritz Reuter, 1. Vorsitzender der IG Bau-Holz, Berlin;
7. Dozent R. R. Wagner, Hochschule für Architektur, Weimar;
8. Frau Roberta Gropper, Vorsitzende des Demokratischen Frauenbundes, Berlin.

Ferner nahmen an der Sitzung teil:
Rebetzky, Magistratsdirektor, Berlin;
Hennig, Hauptreferent beim Magistrat Berlin;
Menzel, Hauptreferent beim Magistrat Berlin.
Als beratende Mitglieder waren anwesend:
Herr Eistel (Nationale Front)
Frau Peschel (DFB)
Aktiv. Wolter, Haack, Jüngel (Bauwesen)
Speck (Verdienter Aktivist, Glühlampenwerk)

Beginn: 8.30 Uhr.

In mehreren Rundgängen und nach eingehenden Diskussionen wurden die folgenden Wettbewerbsnummern aus nachstehend aufgeführten Begründungen ausgeschieden und mit einem roten Zeichen versehen.

Entwurf Nr. 7
Versuch einer räumlichen Gliederung, aber ohne Komposition der Baumassen. Abdeckung der vorhandenen Laubenganghäuser günstig. Die Grundrisse ohne neue Gedanken, zu kleine Abmessungen, viele Wohnungen reine Nordlage.
Der Zugang zu den Wohnungen in der ersten Etage ist ungünstig, da im Winter Vereisung der Treppe zu befürchten ist. Die Fahrstühle sind für die Wohnungen erst vom 1. Geschoß an zu benutzen, es sei denn, daß der rückwärtige Eingang benutzt wird.
In der Architektur nicht überzeugend (Hauptgesims).

Entwurf Nr. 11
Die städtebauliche Idee, an die Randbebauung quer zur Stalinallee gestellte Hochhäuser zu setzen, ist eindrucksvoll. Die schematische Wiederholung mindert den Wert herab, sie befriedigt nicht. Der Strausberger Platz und der Eingang zum Zentrum ist trotz Betonung durch das Hochhaus schlecht gelöst.
Die Gestaltung der Baumassen im Massenaufbau ist unbefriedigend. In den Einzelheiten der Architektur entwicklungsfähig.
Wohnungen zwar günstig in der Himmelsrichtung, aber schlecht in der Entwicklung der Zugänge und Korridore. Auch in der Variante bleibt der Mittelkorridor im Erdgeschoß dunkel. Der eigentliche Straßenraum Stalinallee dominiert hier nicht, sondern die großen Räume zwischen den 11-stöckigen Querblöcken. Günstig ist die Abdeckung der beiden Laubenganghäuser. Grünzug nicht überzeugend herangeführt. Die Anschlußbauten an die Deutsche Sporthalle i.M. gut. In der Architektur entwicklungsfähig.

Entwurf Nr. 12
Reine Nord- oder Südlage von Wohnungen. Architektur und Massenaufbau der Wohnblöcke zu kompakt, kalt und schmucklos. Mittelflure in den Wohnblöcken nicht tragbar.
Der Brandweg verhindert, die Wohnungen mit Querlüftung zu versehen und schafft dadurch reine Nord- und Südwohnungen.

Entwurf Nr. 13
Städtebaulich: Die Verbreiterung der Stalinallee auf 120 m ist städtebaulich nicht zu rechtfertigen. Die Einführung eines zweiten Straßenprofils war nicht gefordert, sie ist unerwünscht, weil dadurch der geplante Grünsteifen zerstört wird. Die Lösung der Einfahrt in das Zentrum am Stausberger Platz ist durch das Hochhaus betont. Platzlösung aber völlig unbefriedigend. Platzlösung Bersarinstraße gleichfalls unbefriedigend. Die Einführung des Grünzuges vom Norden her nicht überzeugend.
Grundrisse normal, nichts zu beanstanden.
Architektur: Komposition ansprechend. Das Loggien-Motiv vor Küchen und Bädern kann nicht anerkannt werden.

Entwurf Nr. 15
Städtebaulich: Grünzug vom Norden nicht an die Stalinallee herangeführt, Marchlewskistraße weder abgesperrrt noch offen gelassen, unbefriedigend. Das Hochhaus in der Achse zwar im Grundgedanken richtig, durch Schaffung zweier hintereinanderliegender Plätze in der Raumwirkung schlecht. Grundrisse gut durchgearbeitet, gefordertes Verhältnis von Wohn- zur Nutzfläche gewahrt. Eingehende Behandlung der Verkehrsprobleme.
Architektonisch: Keine Proportion in den Baumassen, schematische Fassadenlösungen. Die Variante der Laubenganghäuser und die vorgelegte Architektur läßt alle bisherigen Ergebnisse der Entwicklung unseres Baugeschehens außer Acht.

Entwurf Nr. 17
Stark verzahnte Baublöcke mit rhythmischen, aber eintönigen Raumgliederungen. Die Abschirmung der Laubenganghäuser mit Ausstellungspavillons und quergestellten Baublökken ist versucht, aber nicht geglückt. Auch sonst starke Verwendung von eingeschossigen Kolonnaden und Ladentrakten. In der Architektur noch zu ähnlich den kubischen Bauten der neuen Sachlichkeit. Die Behandlung der Wohnungsgrundrisse ist annehmbar.

Entwurf Nr. 18
Sehr überlegte Grünplanung. Der Straßenraum ist ziemlich aufgelockert. Die versetzten, dominierenden Baumassen um ihre Achsen am Platz an der Bersarinstraße sind nicht überzeugend. Der Strausberger Platz und die Stellung des ihn beherrschenden Gebäudes ist in dieser Form unzulänglich. Die Architektur ist im Aufbau, in den Baumassen und im Detail nicht gelöst.

Entwurf Nr. 26
Die rückwärtigen Gebiete sind überlegt und bearbeitet. Sehr geschlossener und großzügiger Straßenraum, dabei in der Kaschierung der Laubenganghäuser ein Versuch mit unmittelbaren Anbauten. Die Platzanlagen erscheinen etwas übersteigert. Ansätze zur architektonischen Komposition vorhanden. Hierbei stören kurze Laubengänge und eingebaute Loggien. Im Ganzen gesehen ist die architektonische Lösung zu flüchtig bearbeitet.

Entwurf Nr. 29
Straßenprofil der Stalinallee verändert. Die Bearbeitung der Verkehrsfragen ist nicht ganz konsequent durchgeführt. Architekturauffassung nicht in einheitlicher Qualität. Neben guten Ansätzen übersteigerter Gehag-Stil. Der Wechsel von Quer- und Längsblöcken bringt unruhige Straßenräume zustande. Bei Verwendung der gezeigten 3-Spännertypen werden trotzdem reine Nordwohnungen entstehen. Es ist kein Versuch gemacht, die jetzigen Laubenganghäuser in ihrer Wirkung zu mindern. →

Entwurf Nr. 36
Nicht eingehaltene Baufluchtlinien. Der Straßenraum ist auf 90 m verbreitert. Eine räumliche Gliederung des Straßenzuges ist versucht. Die Straßenwände stehen aber in sehr unruhigen Fluchten. Platzlösungen nicht überzeugend.

Entwurf Nr. 41
Keine Bearbeitung des rückwärtigen Gebietes. Auf der Nordseite sehr geschlossene Raumwände. Die Standorte der Hochhäuser an der Bersarinstraße und Warschauer Straße erscheinen unübersichtlich und unmotiviert. Auch die Gestaltung des Abschnittes an der Deutschen Sporthalle mit den versetzten Achsen ist nicht überzeugend. Außergewöhnlich aufwendige Treppenhausräume. Die zu schmalen Trakte der ostwestlichen Blöcke sind völlig unwirtschaftlich. Die Architektur zeigt gute Proportionen und gute Einzelheiten bei einer gewissen Uniformität.

Entwurf Nr. 43
Bei Bearbeitung des rückwärtigen Gebietes wurden die Wohnkomplexe nicht beachtet.
Sehr geschlossener Straßenraum mit kräftig in sich gegliederten Wänden, die aber keinen Wohnhauscharakter besitzen. Gute Lösung der Kaschierung der Laubenganghäuser durch offene Kolonnaden und flankierenden betonten Querriegeln.
Verkehrslösung am Strausberger Platz nicht akzeptabel. Das Gegenüber der Sporthalle schlecht, Kreuzung Stalinallee/Bersarinstraße auch platzmäßig schlecht gelöst. Grundrisse ohne neue Gedanken.

Entwurf Nr. 44
Die städtebaulichen Vorschläge überzeugen nicht. Das Denkmal im Grünzug ohne größere städtebauliche Motivierung. Auch die räumlichen Erweiterungen der Straßen sitzen regellos und ohne Rücksicht auf Achsenwirkung.
Architektur straff unter Bevorzugung des quadratischen Fensters. Die Nord-Südtrakte sind Mittelganghäuser, deren Flure Licht über den Balkonen erhalten. Starke Verwendung von Lüftungsschächten für Bäder, Küchen etc.

Entwurf Nr. 46
Der Entwurf verwendet Laubenganghäuser und Kopfbauten in etwas monotoner Weise. Das Heranführen des Grünzuges und die Weiterführung nach dem Ostbahnhof ist gelöst. Der Standort des Hochhauses seitlich der Deutschen Sporthalle ist nicht glücklich gewählt. In der Architektur noch zu wenig vom Gehagstil gelöst.

Die übrigbleibenden Entwürfe kamen in die engste Wahl.

Vorbemerkung zur Bewertung der eingegangenen Entwürfe

Aufgabe des Wettbewerbs war, die Stalinallee zwischen Bersarinstraße und Strausberger Platz sowie die angrenzenden Wohngebiete nach den „Grundsätzen des Städtebaues" und unter Anknüpfung an nationale Tradition zu gestalten. Das unter Hinzuziehung von beratenden Vertretern der demokratischen Massenorganisationen und Bauaktivisten tagende Preisgericht fand nach den bereits im Protokoll vermerkten Rundgängen und Beratungen, daß nur 5 Entwürfe den Anforderungen für eine Prämierung entsprachen Die übrigen Entwürfe wurden bei den Rundgängen durch das Preisgericht ausgeschieden.
In der Wettbewerbsausschreibung war die Vergabe von 3 Preisen und 7 Ankäufen vorgesehen. Das Preisgericht entschied sich zu einer anderen Aufgliederung des auszusetzenden Betrages, weil die übrigen Arbeiten den Anforderungen im Inhalt oder in der Qualität nicht entsprachen. Die ausgesetzte Preissumme wurde in 5 Preise geteilt:

1. Preis	lfd. Nr. 33	DM 50.000,–
2. Preis	lfd. Nr. 28	DM 30.000,–
3. Preis	lfd. Nr. 27	DM 25.000,–
4. Preis	lfd. Nr. 35	DM 20.000,–
5. Preis	lfd. Nr. 16	DM 10.000,–

Das Preisgericht war sich bei der Bewertung des mit dem 1. Preis ausgezeichneten Entwurfes sowie der 4 übrigen Arbeiten darüber klar, daß keine der Arbeiten eine vollkommene Lösung der gestellten Aufgabe bringt. Die in der folgenden Einzelbewertung aufgezeigten positiven und negativen Seiten sind gegeneinander abgewogen worden. Alle prämiierten Arbeiten sind jedoch ein wesentlicher Schritt vorwärts zu den „Grundsätzen des Städtebaues" und im Kampf um eine neue Deutsche Architektur.
Bei dem mit dem 1. Preis ausgezeichneten Entwurf ist weitgehend Übereinstimmung von Städtebau und Architektur zu verzeichnen. In gewisser Weise trifft dies auch für den 2. Preis zu. Beim 3. Preis war die architektonische Lösung, beim 4. Preis die städtebauliche Leistung entscheidend. Beim 5. Preis ist eine relativ gute Gesamtlösung gefunden.

Einzelbewertungen

Nr. 33/1. Preis
Städtebaulich:
Der Verfasser hat das gesamte im Wettbewerb ausgeschriebene Gebiet in Übereinstimmung mit den Grundsätzen des Städtebaues am gründlichsten bearbeitet und dabei wichtige neue Vorschläge gebracht.
Die vorhandene Randbebauung (Laubenganghäuser) wird durch die vorgeschlagenen Neubauten in der alten Bauflucht und durch die 2-geschossigen Ladenbauten vor den Laubenganghäusern in den Gesamtstraßenzug gut eingegliedert. Dabei wird die Marchlewskistraße, die bisher schräg in die Stalinallee einmündete, in einem Grünstreifen abgefangen, der nördlich der Stalinallee seine Fortsetzung in dem geplanten Grünraum der jetzigen Friedhofsanlagen findet.
Die platzartige Straßenerweiterung gegenüber der vorhandenen Deutschen Sporthalle bringt das dort geplante öffentliche Gebäude zu guter Wirkung.
Die Lage des geplanten Hochhauses am Strausberger Platz nimmt Rücksicht auf die in der Achse der Stalinallee sichtbaren Silhouetten der Marienkirche und ist so gewählt, daß das Hochhaus im Blickpunkt der wichtigsten Straßenzüge den Eingang zum Zentrum betont.
Die Grünflächen nördlich der Sporthalle legen diese zur Friedenstraße hin frei und bringen ihre Nordseite zur Geltung.
Die Gestaltung der Kreuzung Stalinallee – Bersarinstraße mit Betonung der Einfahrt in den zentralen Bezirk ist gut gelöst. Die Auflassung des Bersarinplatzes als Rundplatz ist als städtebauliche Notwendigkeit richtig erkannt worden.
Die Wohnkomplexe sind bei Berücksichtigung des Altbaubestandes gut aufgegliedert und mit den zentralen Sonderbauten Schule, Kindergarten usw. ausgestattet.
Die Verkehrslösung bringt eine gute Führung der Anliegerstraßen unter besonderer Berücksichtigung von Parkplätzen. Anlagen für das Kleingewerbe sowie Garagen sind an einer Stelle im Anschluß an das Bahngelände konzentriert vorgesehen. Die vielgeschossigen Wohnbauten an der Stalinallee selbst sind in Gliederung und Massenaufbau gut abgewogen. Fraglich erscheint der auf der Nordseite gelegene Abschnitt zwischen Fruchtstraße und Kreuzung Bersarinstraße, der in der großen Länge keine Unterbrechung der Baumassen bringt.
Wohnungsgrundrisse:
Die Wohnungsgrundrisse, die vornehmlich aus 2- und 3-Spännern bestehen, entsprechen durchweg den gestellten Anforderungen, doch wird nicht immer das verlangte Verhältnis Wohnfläche zu Nutzfläche erreicht. Ladenbauten und Gaststätten sind gut eingefügt.
Architektur:
Die Fassaden wahren den großstädtischen Wohnhauscharakter und zeigen dabei in ihrer Gliederung und in der Verteilung der Akzente die gewünschte repräsentative Gestaltung.

Nr. 28/2. Preis
Städtebaulich:
Der Verfasser hat, wie gefordert, nicht nur den Straßenzug Stalinallee, sondern auch die nördlich und südlich gelegenen Wohngebiete unter Berücksichtigung der vorhandenen Bebauung bearbeitet. Die Gesamtgliederung des Straßenzuges Stalinallee wird eingeleitet von einer verhältnismäßig bescheidenen Platzbildung am Eingang zum zentralen Bezirk (Kreuzung Stalinallee und Bersarinstraße) und steigert sich, über die Anknüpfung der Grünverbindung vom Norden und über den Raum vor der Sporthalle zum Strausberger Platz, wo der Eingang zum Zentrum besonders betont ist. Dieser runde Platz liegt mit den Straßenführungen und den Gebäudeschwerpunkten so, daß in jeder Richtung Blickpunkte geschaffen sind. Die Hochhäuser beiderseits der Einführung der Stalinallee in Richtung Alexanderplatz weisen überzeugend auf den Eintritt in das Zentrum hin.
Der Massenaufbau im westlichen Teil zwischen Strausberger Platz und Fruchtstraße ist unter Berücksichtigung der Deutschen Sporthalle gut gelöst (stufenweise Entwicklung der Bebauung). Der östliche Teil von der Fruchtstraße bis zum Platz an der Bersarinstraße weist in der nördlichen Bebauung eine zu große Länge ohne architektonisch wirksame Unterbrechung auf. Auf der südlichen Seite ist die Einführung der Marchlewskistraße unbefriedigend gelöst. Die vorgeschlagenen Monumente und ihre Standorte befriedigen nicht.
Die Auflassung des Bersarinplatzes bringt eine Verbesserung der Verkehrsführung.
Die Verkehrserschließung des Wohngebietes ist durchdacht.
Wohnungsgrundrisse:
Die Wohnungsgrundrisse sind gut durchgearbeitet. Abstellräume sind vorgesehen. Der Verfasser hat für die hohe Bebauung als einziger eine Fluchttreppe angeordnet. Der Zugang zu dieser Treppe ist an den Gebäudekreuzungen nicht einwandfrei, da der Fluchtweg in Gestalt von Loggien zu viele Zimmer verdunkelt. Das Verhältnis von Wohnfläche zu Nutzfläche entspricht der Aufgabe. Neben Einzelläden wird eine Lösung für durchlaufende Läden gegeben.
Architektur:
Die Architektur ist abgewogen, zeigt Repräsentation und läßt den geforderten Wohncharakter nicht außer acht. Bei einer weiteren Detaillierung der Fassaden müßte versucht werden, die südliche Randbebauung plastischer zu gestalten. Der 2-geschossige Sockel steigert die Monumentalität der Gebäude.

Nr. 27/3. Preis
Städtebaulich:
Der Verfasser hat nur den Straßenzug Stalinallee bearbeitet. Die Wohngebiete nördlich und südlich der Stalinallee sind nur angedeutet. Die städtebauliche Lösung ist nicht in allen Punkten befriedigend, denn der Verfasser engt die Stalinallee nach der Kreuzung an der Bersarinstraße ein, desgl. am Strausberger Platz. Hierdurch entsteht ein isolierter Straßenraum, der nicht dem erwünschten durchgehenden Straßenzug Stalinallee (Zentrale →

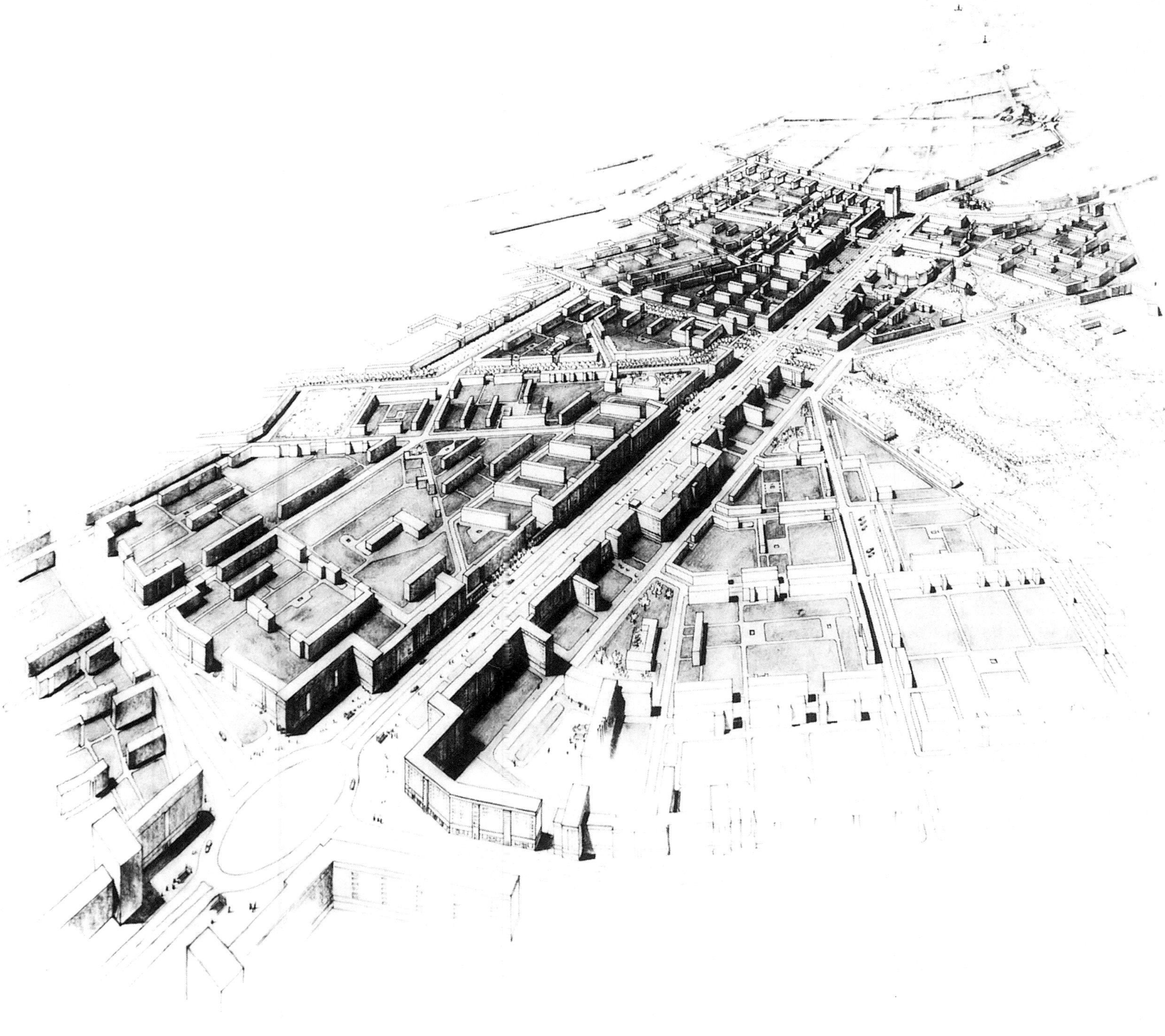

Egon Hartmann, 1. Preis im Wettbewerb, Schaubild von Nordosten. Differenzierte Straßenrandbebauung, Hochhaus an SO-Ecke des Strausberger Platzes, deutliche Grünverbindung über die Allee hinweg.

Der Blick vom Strausberger Platz nach Osten. Optischen Halt findet das Rondell durch Fritz Kühns plastische Fontänenanlage. Die hohe Randbebauung hält den Platz trotz der aufgeweiteten Straßenkreuzung zusammen.

Die Allee am Abend. „Leben“ bringen hauptsächlich noch die Autos, noch nicht die Spaziergänger, und auf der Nordseite erkennt man den jetzt dunklen Streifen des Grüns, das abweisend und besonders trennend wirkt.

Es gibt Zonen vor den Gebäuden wie hier vor Block G-Nord, die nicht nur in der Abendsonne den Charme alter Städte ausströmen.

25

Links: Arkaden unter der Platzbebauung am Strausberger Platz. **Rechts:** Gestörte Herbstidylle, ein Hinweis auf die notwendige Stadtreparatur.

Die Herbstsonne zaubert ein schönes Licht im gefärbten Laub. Die Straße wartet auf die Flaneure, ganz links erkennt man den Straßenverkehr.

Böhmische
HOPFENSTUBE

Wenn es kalt ist, sind alle Städte in unseren Breiten unwirtlich für Flaneure. Aber dann offenbaren Straßen, Häuser und bauliche Zugaben ihre Qualität.

Oben links: Platzecke Frankfurter Tor,
Unten links: Rosengarten zwischen D- und E-Nord,
Rechts: Blick vom östlichen Allee-Ende Richtung Westen.

RFT
COMMERZBANK

Größe und Qualität der Wohnungen

Als die Idee der Stalinallee entstand, war Berlin eine Ruinenstadt von einem heute nur noch vage vorstellbaren Ausmaß, und der Wiederaufbau hatte in der Hauptsache mit Reparieren und nur sporadisch mit Neubauen zu tun. Aus dem Zwang zur möglichst rationellen Nutzung der knappen Baumaterialien begann die Arbeit am Spargrundriß (einheitliche Wohnungsgröße 52 qm), an Typisierungen und an neuen vereinfachten Baumethoden. Der innere Ausbau näherte sich dabei einer untersten Grenze: Ofenheizung, oft Verzicht auf ein Bad, keine Warmwasserversorgung.

Diese Ausgangslage war in den Berliner Stadthälften in etwa gleich. Nur die Wege aus diesem Dilemma entwickelten sich mit den Jahren unterschiedlich. Kurz nach dem Entstehen der DDR wurde im Aufbauministerium das Institut für Städtebau und Hochbau (IfB) gegründet, dessen Leitung Kurt Liebknecht erhielt. Und nach den oft sehr erfolgversprechenden Grundrißarbeiten in zahlreichen Städten der DDR wurde diese Arbeit dann zentral durchgeführt, denn, so Hanns Hopp in der „Berliner Zeitung" vom 16.4.1950: „Es wäre unwirtschaftlich, an vielen Orten die gleichen Planungsarbeiten für den Wohnungsbau zu betreiben, und zugleich würden sich auch die Fehlerquellen vervielfachen. (Und nach der Befragung der Massenorganisationen nach den Wohnwünschen heißt es:) Es wird keine Wohnküche, sondern eine abgeschlossene Kochküche gewünscht. Der Wohnraum soll auf Kosten der Schlafräume möglichst groß sein."[1]

Ähnliche Wünsche hatte auch die westdeutsche Bevölkerung damals geäußert, und bereits 1925 waren sogar die Wohnungen der Bauhausmeister ganz ähnlich aufgeteilt.

Im IfB entstanden die fünf verbindlichen Typengrundrisse für das sogenannte „Wohnungsbauprogramm 1950". Es sind Zwei- und Dreispänner, die, so Hopp, „keine überraschenden Neuigkeiten aufweisen, sondern sich noch in gewohnten Formen halten". Ein Vergleich mit dem Seriengrundriß einer etwa zeitgleichen ECA-Siedlung in Mainz (ECA = Economic Cooperation Administration/Marshallplan-Hilfe) des Architekten Franz C. Throll zeigt fast Kongruentes zu den DDR-Typengrundrissen, was Layout, Größe und Konstruktion anbelangt. Man könnte diese Wohnhäuser als die Anonyme Architektur der Nachkriegsjahre bezeichnen, und auch die bei Hopp genannten Wohnwünsche waren überall gleich, was alles mit den vernunftbedingten Grenzen des damals Machbaren zusammenhängt.

In den beiden folgenden Jahren entstanden die Typenreihen 52 und 53, wobei letztere nicht mehr durch Bevölkerungsbefragung, sondern im Auftrag des Ministerrats durch das Wohnbaukollektiv der Deutschen Bauakademie entwickelt wurde. Dabei gab es einige wichtige Verbesserungen: Vergrößerung der Küche auf 9 qm, damit ein Familieneßtisch Platz fand, Schlafzimmerbreite von 3,25 m auf 3,35 m und Geschoßhöhe von 2,50 m auf 3,00 m vergrößert, durch Innenbäder größere Haustiefen ermöglicht, sowie Frontlänge der einzelnen Wohnung um bis zu 1 m vergrößert.

Diese Typenreihe 53 wurde zwar die Grundlage für den Entwurf der Wohnungen in der Stalinallee, diese fielen aber wesentlich größer als die Typenwohnungen aus. So verlangte die Wettbewerbsausschreibung folgende Wohnflächen: für Zweizimmerwohnungen maximal 40 qm, für Dreizimmerwohnungen 50 qm. Die Größe der Vierzimmerwohnung wurde nicht vorgeschrieben. Als allgemeine Richtlinie galt, daß kein Zimmer kleiner als 12 qm sein dürfte. In der Broschüre „Die große Magistrale"[2] werden folgende Angaben zu den Wohnflächen der einzelnen Wohnungen gemacht:

1	6-Raum-Wohnung mit	145 qm
25	5-Raum-Wohnungen mit durchschnittlich	142 qm
240	4-Raum-Wohnungen mit durchschnittlich	101 qm
1177	3-Raum-Wohnungen mit durchschnittlich	85 qm
3162	2-Raum-Wohnungen mit durchschnittlich	61 qm
396	1-Raum-Wohnungen mit durchschnittlich	40 qm

Dazu kommen für einen Großteil der Wohnungen noch Balkon oder Loggia. Zimmergröße und Raumzuschnitt gaben den Wohnungen auch für heutige Bedürfnisse einen guten Standard, was nicht von vielen damaligen Wohnungen in Ost und West gesagt werden kann. Alle Wohnungen waren bereits durch Fernwärme beheizt und zentral mit Warmwasser versorgt.

Da sich die Bautätigkeit an der Stalinallee, später Karl-Marx-Allee, über ein Dutzend Jahre hinzog, ist ein Blick auf die weitere Entwicklung der Wohnungsgrundrisse von Interesse.

Richard Paulick entwickelte Grundrisse für die Typenserie 1955, und das Büro des „Chefarchitekten von Groß-Berlin" (Henselmann) verbesserte 1954 den Typ 53/3 weiter zum „Typ Berlin I", die sich beide mit der Geometrie konventionell gebauter Wohnungen auseinandersetzten und die Wohnung möglichst individuell und erlebnisreich innerhalb der vorgegebenen Quadratmetergrenzen gestalten wollten. Doch einschneidend war für die weitere Arbeit an den Wohnungsgrundrissen der Beschluß des Ministerrats vom 21.4.1955 (gerade vier Jahre nach der Wettbewerbsausschreibung für die Stalinallee!) zur Umstellung vom konventionellen Ziegelbau auf die Plattenbauweise.

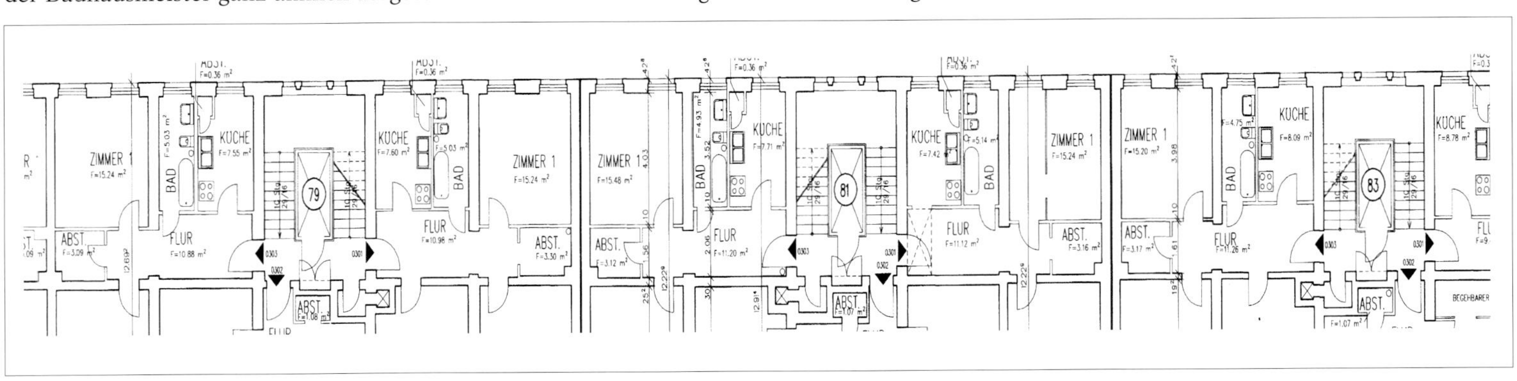

Block C-Nord, Teilgrundriß des 2. OG, M 1 : 400. Dreispännergrundrisse, Lift, Müllschlucker, Tageslicht im Treppenhaus, unterschiedlich große Wohnungen.

Wohnungsgrundrisse aus den 50er Jahren in der DDR, ein Beispiel aus Westdeutschland

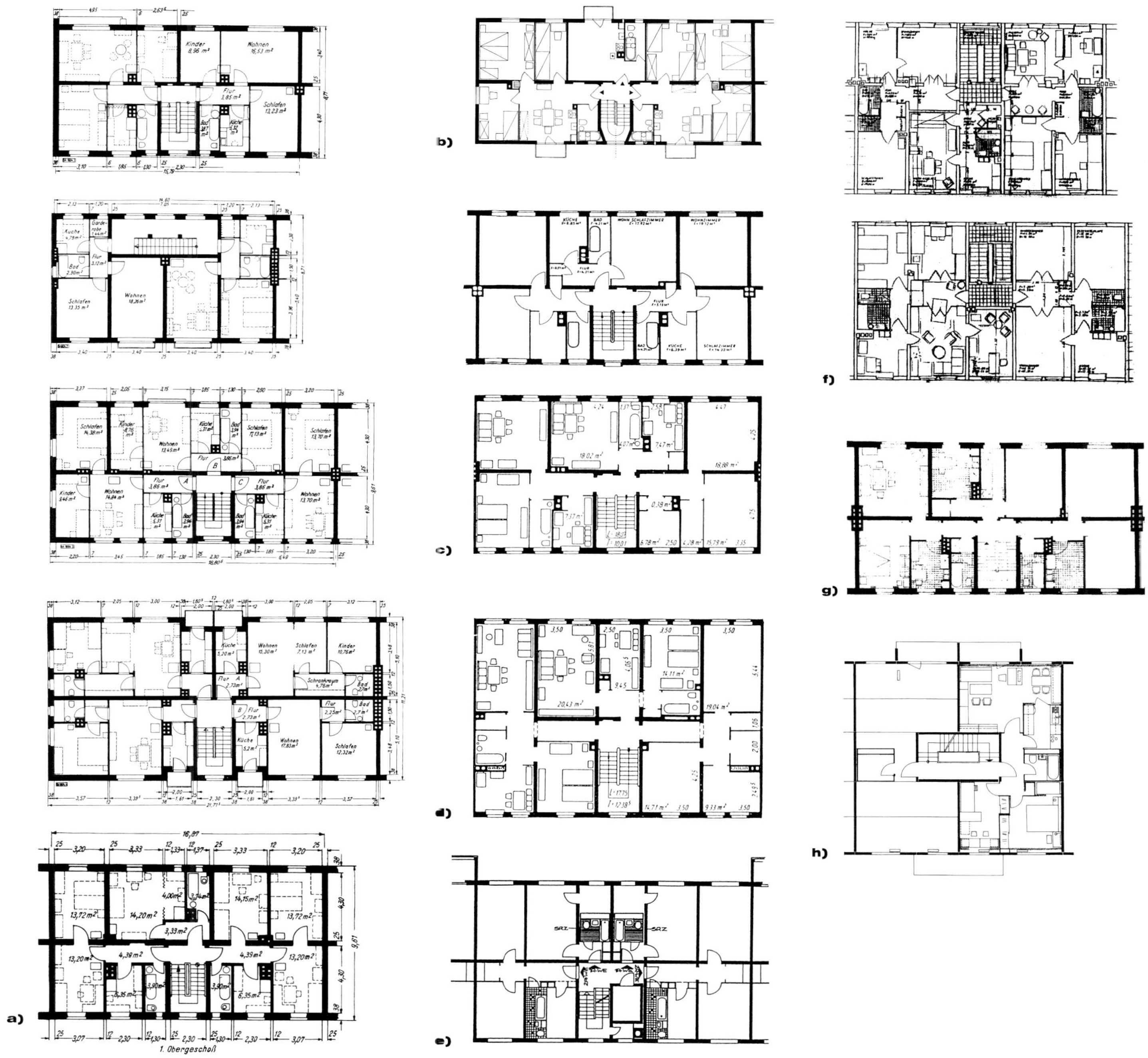

Alle Grundrisse M 1 : 400

a) Fünf verbindliche Typengrundrisse für das DDR-„Wohnungsbauprogramm1950“ **b)** ECA-Siedlung Mainz, Wettbewerb 1951, Architekt: Franz C. Throll **c)** Typenreihe 52/3 (oben) und weiterentwickelt zu Typ 53/3 **d)** Typ 53/20a, kombinierte Scheiben- und Mittelwandbauweise **e)** Wohnbautyp QP ab 1967 in der Karl-Marx-Allee verwendet, Vierspänner, Normalgeschoß **f)** Deutsche Bauakademie (Richard Paulick, 1954) Typenserie 1955 **g)** „Entwurfsbüro des Chefarchitekten von Groß-Berlin“, Hermann Henselmann (1954). Der aus Typ 53/3 entwickelte „Typ Berlin I“ **h)** W. Stallknecht, A. Felz, H. Kuschy, Muster- und Experimentalbau der DBA „P2“ (1961).

Modern eingerichteter Wohnraum mit großer Fensterfläche, kein typischer Fall, aber ein Hinweis auf die Wohnqualität hinter historischer Fassade.

Der Weg zu ihrer Verwirklichung maß nur drei Jahre, und das erste Großplattenbau-Wohnhaus wurde Ende 1958 in Hoyerswerda (hier war Richard Paulick seit 1957 der verantwortliche Planer) montiert. Und wieder ein Jahr später wurde mit dem Bau der „neuen" Karl-Marx-Allee zwischen Strausberger und Alexanderplatz begonnen. Sie wird zum ersten Testfall für acht- bis zehngeschossige Wohngebäude in Plattenbauweise und damit richtungsbestimmend für die bauliche, aber auch städtebauliche Entwicklung der Städte in der DDR, die 1990 zu Ende ging.

Heute, nachdem durch die weltpolitischen Umbrüche die Großplattenwerke in der DDR zumachen mußten und eine gelassenere Betrachtungsweise möglich wurde, nimmt auch hier die Zahl jener Fachleute zu, die in der starren Großplattenbauweise weder die optimale wirtschaftliche Lösung zur Schaffung von Wohnraum noch den geeigneten Baustein für einen ortsbezogenen Städtebau sehen, wiewohl es gute Einzellösungen gibt. Bestärkt wird diese manchmal wie befreit erscheinende Ablehnung auch durch das frühe Verschwinden aller Großplattenwerke in Dänemark, Frankreich, Schweden und Westdeutschland, von denen man sich auch in diesen Ländern die Lösung der Wohnungsnot erhofft hatte. Vergeblich, wie die Bauentwicklung der siebziger Jahre gezeigt hat, die andere Wege ging.

In der DDR hat man aus politischen Gründen an der Großtafelbauweise festgehalten und dabei durchaus beachtliche Wohnungstypen erarbeitet wie jenern Typ P2 nach einem Entwurf der Architekten Wilfried Stallknecht, Achim Felz und Herbert Kuschy (1961).

Doch muß zur Rechtfertigung der damaligen Wohnungskonzepte in der DDR auf den letztlich gescheiterten städtebaulichen Versuch verwiesen werden, wie es die (West-)Berliner Interbau 1957 war: Die Qualität der Wohnungen wie etwa bei Alvar Aalto ist hoch, doch als Bausteine für eine Stadt kommen solche Freiplastiken nur in seltenen Fällen in Frage.

Da hat die alte Stalinallee im Prinzip recht behalten: Es geht nicht ohne Straße als städtebauliche Ordnungsfigur. Und nur in Straßenrandbebauungen können Wohnungen auch eine ruhige Hofseite haben, was angesichts steigenden Individualverkehrs immer wichtiger wird. Denn ohne klare Bezogenheit zur Verkehrsstraße wird jede Wohnungsseite immer von irgendeiner Straße und deren Lärm belästigt, weil es keine Barrieren gegen ihn gibt.

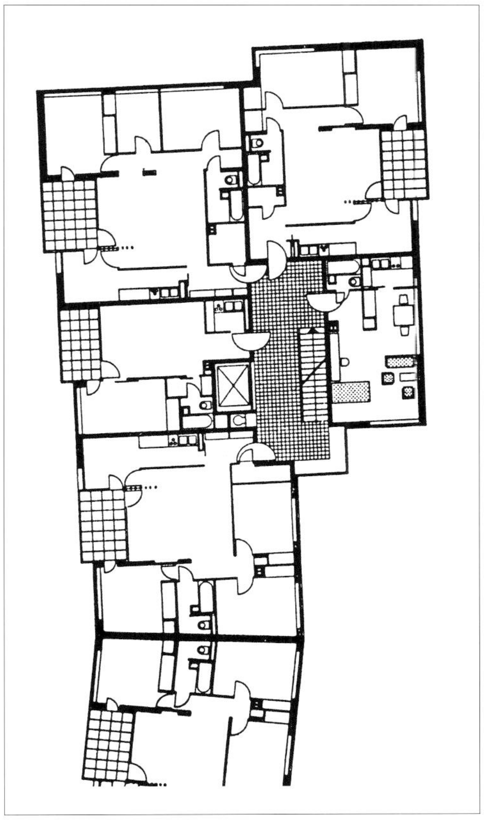

Alvar Aalto, Mehrfamilienhaus auf der INTERBAU, Teilgrundriß Normalgeschoß M 1 : 400

Die Stalinallee aus westlicher Sicht

Der Begriff „westlich“ wird hier im heute nicht mehr zutreffenden früheren geographischen und politischen Sinn von „außerhalb Osteuropas“ verwendet.

Es hatte zwei Hauptgründe, warum die Stalinallee in westlichen Bau- und Städtebaukompendien sowie in Fachlexika praktisch unerwähnt blieb: Es war einmal ihre ausdrückliche Verbindung zum Stalinismus und damit verbunden als zweiter Grund ihre anti-modernen Formen. Für Fachleute im Westen war die Stalinallee – vielleicht bis zur Postmoderne der 80er Jahre – kein ernstzunehmendes Thema wegen ihres fehlenden Modernismus, wie ja auch ihre Quellen, die Sowjetarchitektur nach Liquidation der russischen Avantgarde der 20er und frühen 30er Jahre, meist ausgespart blieb. Sie begann als der künstlerische Ausdruck der Oktoberrevolution von 1917 mit Tatlins Monument der Kommunistischen Dritten Internationale (1920) und führte zur konstruktivistischen Architektur, die den gleichen Prinzipien verpflichtet war wie der „Internationale Stil“. Dieser neue Begriff war Titel eines Buches und einer Ausstellung von Henry-Russell Hitchcock und Philip Johnson 1932. Wie dieser verstand sich die russische Avantgarde als zutiefst sozialistisch, die zur offiziellen Architektur der Sowjetunion wurde. Diese zukunftsweisende Entwicklung zerstörte 1937 der Erste Kongreß der sowjetischen Architekten: Von da ab gab es in der UdSSR keine Moderne mehr. Sie geriet in Vergessenheit, und der Historismus triumphierte.

Sicher liegt es an diesem „Verrat an der Moderne“, daß wiederum alle Fachbücher im Westen die stalinistische Architektur auf Jahre hinaus übergingen oder sie als Rückfall in eine überwundene Vergangenheit abtaten.

Fünf Titel seien hier stellvertretend für die allgemeine Haltung der 50er und 60er Jahre genannt: Nikolaus Pevsner, Europäische Architektur von den Anfängen bis zur Gegenwart, München 1957; Lewis Mumford, The City in History, New York 1961; Knaurs Lexikon der Modernen Architektur, München/Zürich 1963 (die total überarbeitete Neuausgabe von 1983 erwähnt sie mit 4 Zeilen); Henry-Russell Hitchcock, Architecture Nineteenth and Twentieth Centuries, Harmondsworth 1958; Jürgen Joedicke, Architekturgeschichte des 20. Jahrhunderts, Zürich/Stuttgart, 1990.

Der Teilung der Architekturwelt in Moderne und Nicht-Moderne entsprach damals ja auch die politische Teilung. Doch die völlige Negierung der von Moskau beeinflußten Architektur- und Städtebauformen wirft ein bezeichnendes Licht auf die Denkweise der meisten Schöpfer und Interpreten von Städten und Häusern im Westen. Die Gleichungen „modern = gut“ und „nichtmodern = schlecht“ sind wohl auch heute noch nicht überwunden.

Die erste politische Konfrontation zwischen stalinistischem Historismus in der Architektur und damaliger Moderne, wie sie im Westen vertreten wurde, gab es ja schon ganz zu Anfang der Stalinallee, als die Politiker in Bonn und Berlin auf den Bau der Stalinallee aufgeschreckt reagierten.

Es mag dahingestellt bleiben, ob die Internationale Bauausstellung in Berlin-West von 1957 „als freiheitliche Alternative zur Stalinallee, der ersten sozialistischen Straße in Ost-Berlin“[1] so konzipiert und politisch untermauert wurde, oder ob sie einfach den damaligen westlichen Vorstellungen von „Stadt“ entsprach und gar nicht anders entworfen werden konnte. Bestehen bleibt, daß weder im Amtlichen Katalog der Interbau, noch im Buch zur programmatischen Begleitausstellung der Interbau „Die Stadt von morgen“[2] irgendwelche Hinweise auf die gleichzeitige, schon in Teilen fertige Stalinallee erschienen. Auch die Aufforderung des damaligen Regierenden Bürgermeisters von Berlin-West, Otto Suhr, „(d)er fremde Besucher möge deshalb sein Interesse nicht auf die Ausstellung beschränken, sondern mit offenen Augen durch die ganze Stadt gehen“,[3] war sicher weniger politischem Kalkül des Kalten Krieges entsprungen, sondern kam mehr aus dem Gefühl, daß man im Westteil der Stadt mit dem modernen Städtebau auf dem richtigen Weg war. Die Stalinallee erwähnte er nicht.

Und so wie man im Westen erst 1990 die in der Stalinallee verwirklichten „16 Grundsätze des Städtebaues“ von 1950 mit Zustimmung, wenn auch mit Vorbehalten zur Kenntnis nahm und damit der Stalinallee westliche Reverenz bekunden mußte, entbehrt es ja nicht der Pikanterie, wenn das Buch „Die Stadt von morgen“ einen Entwurf westlicher Planer für den Bereich Friedrichstraße veröffentlichte, der wiederum für den jüngsten Abschnitt der Karl-Marx-Allee zwischen Alexander- und Strausberger Platz 1959 hätte Pate stehen können. Beides war die totale Absage an die ursprüngliche Stalinallee, die sich damals, 1959, bereits als Stadtbaukonzept überlebt hatte.

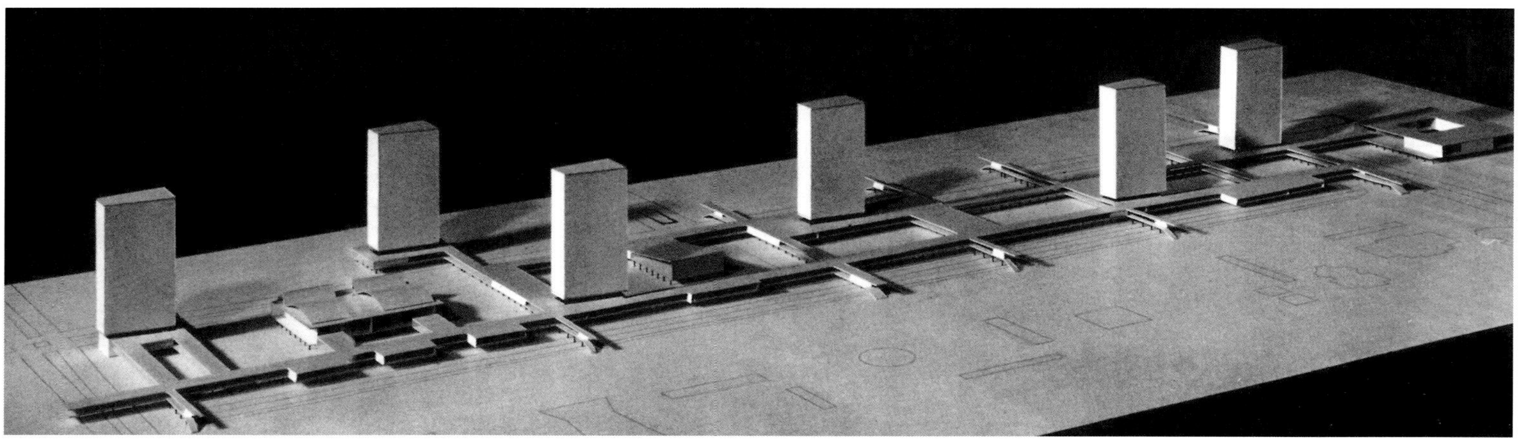

H. Hoffmann, K. Otto, W. Rossow: Fußläufiges Einkaufszentrum an der Friedrichstraße, am rechten Bildrand sind die Bauten am Gendarmenmarkt angedeutet. – Westdeutsche Architekten planten zur INTERBAU gleichzeitig für Ost-Berlin die „moderne Stadt“ – eine Utopie in vielfältiger Hinsicht.

Das mögen manche Vertreter des modernen Städtebaus als Doch-Sieg für sich verbuchen, das ist aber höchstens die halbe Wahrheit, denn in der Zwischenzeit haben wir erkannt, daß weder die eine noch die andere Städtebau-Ideologie recht hat, wenn sie zum Absoluten erhoben wird, sondern daß beide nebeneinander sogar im gleichen Land, der gleichen Stadt existieren können.

Das Thema „Interbau versus Stalinallee" hat 30 Jahre später Josef Paul Kleihues, der Initiator der Internationalen Bauausstellung von 1984 aufgegriffen:

„(...) die Stalinallee in Berlin-Ost als der wichtigste Teil jener politischen Propagandaaktion, mit welcher das Nationale Aufbauprogramm und die neue Lehre vom Sozialistischen Realismus in Architektur und Städtebau gefeiert wurden; das Hansaviertel in Berlin-West, der wohl wichtigste Teil des innerstädtischen Wiederaufbaus nach modernen Grundsätzen, Sinnbild freiheitlich demokratischen Bauens, Gegendemonstration zum verordneten Prunk der Stalinallee".

Das ist Städtebaukritik mit ausschließlich politischen, zeitbedingten Vorzeichen, die weiter unten zwar mit fachlichen Argumenten für beide Projekte untermauert werden: „Klassizität und Prächtigkeit" bei der Allee, und daß das Hansaviertel seinen „städtebaulichen Halt in der weitgehend erhaltenen, dicht bebauten Nachbarschaft erfährt".[4] Aber es bleibt Kenntnisnahme, keine Auseinandersetzung.

Ungefähr zur gleichen Zeit stellte der Bauhistoriker Julius Posener zur Stalinallee fest, sie sei „eine breite Straße mit einem sehr eindrucksvollen Straßenprofil", und fährt dann fort: „Man hat natürlich auch bewußt die repräsentative Straße, eine Via Triumphalis, gebaut. Offenbar war man der Meinung, daß eine solche Straße leichter verstanden und wärmer begrüßt werden würde als Experimente, wie sie im Märkischen Viertel unternommen wurden. Heute, da man dem Märkischen Viertel kritisch gegenübersteht, ist man geneigt, die Stalin-Allee nicht mehr abzulehnen, obwohl ihre historisierende Architektur wohl immer noch von wenigen akzeptiert wird."[5]

Die Frage jedoch, ob „historisierende Architektur" per se schlecht ist oder ob es sich bei der Stalinallee um schlechte historisierende Architektur handelt, ist bisher unbeantwortet geblieben. Leider, denn ihre Beantwortung könnte den Stellenwert der Moderne in der heutigen Architekturdiskussion zu klären helfen und gleichzeitig auch die Berechtigung ihres Absolutheitsanspruches kritisch untersuchen. Vielleicht ist es für manchen überraschend zu erfahren, das einer der Erfinder des „Internationalen Stils", Hitchcock, 1951 (!) schrieb, es sei keineswegs zwingend, daß der Internationale Stil „als das allein gültige Modell oder Programm für eine moderne Architektur gelten muß".[6]

Ein anderer Bauhistoriker, Alan Balfour, Rice University School of Architecture, Houston, war deutlicher: „Stalin Allee ... is a boulevard of epic character formed from the walls of apartments whose facades are dressed thinly in an Oriental classicism ... they have more of an affinity with the projects of Albert Speer than with the thoughts of Lenin".[7]

Ähnliches schreibt Leonardo Benevolo[8] über die „monumentalen Straßenzüge in osteuropäischen Satellitenstaaten, die irgendein überlebender Stilprofessor oder junger Ehrgeizling mit sinnlosen Ornamenten überschüttet."

Man könnte die kritischen Stimmen aus dem Westen endlos zitieren und dabei ein Bild dieser Allee gezeichnet bekommen, das aus „symbolischer Bedeutung", „gleichsam eine riesige Bauattrappe" und „Verschnitt" zusammengesetzt ist.[9]

Doch gibt es auch positive Stellungnahmen, die in der Hommage à Henselmann[10] publiziert wurden. Drei aus der Reihe der bekanntesten Gratulanten mögen das westliche Echo auf die Stalinallee abschließen.

Philip Johnson: die Stalinallee – „eine großartige, monumentale ‚Champs Elysées'... Es war eine Art und Weise, dem Ort einen stolzen Charakter zu verleihen, die Menschen im Innersten ihrer Herzen anzusprechen. Meiner Meinung nach ist die Stalinallee noch immer ein Straßenzug, der eine Stadt auszeichnet, ein Ort, durch den einem eine Stadt im Gedächtnis bleibt."

Aldo Rossi: „Die Karl-Marx-Allee ist als große urbane Straße angelegt, geprägt von Säulengängen und stilistischen Elementen von bemerkenswerter Qualität."

Hans Hollein: „... nicht nur die Vision einer urbanen, metropolitanen Stadt (...), sondern auch eine Kontinuität der Stadtgestalt des zerstörten Berlin in das neue Berlin."

Hans Scharouns bittere Feststellung zur Stalinallee: „Darum planen sie (die Russen und die SED) nun das Überflüssige, das Reiche, das Bourgeoise ihrer Boulevards und nicht die fettlose ‚Neue Sachlichkeit.'"[11] ist für uns heute, über vier Jahrzehnte später, die Resignation eines damals in Ost-Berlin unterlegenen Verteidigers der modernen Architektur. Er war der Vorkämpfer einer Moderne, die schon damals nicht überall geliebt wurde und die heute ihren Führungsanspruch längst mit Historismen teilen muß, deren gewichtigster Zeuge in Deutschland immer noch die Stalinallee ist. Die auch deswegen erhalten werden muß.

Bild aus der Pressemappe des (West-)Berliner Senats anläßlich der INTERBAU mit Rückansicht des Blocks E-Süd und „Ruinen"

Allgemeines zur Denkmalpflege

„Gerade an diesem exemplarischen Ort namens ‚Stalinallee' sollten die über Jahrzehnte gewachsenen räumlichen und sozialen Qualitäten geachtet, als Potential genutzt und durch eine umsichtige Planung der neuen Hauptstadt Berlin zu einer wohlverstandenen Urbanität weiter entfaltet werden (...) Der Umgang mit dieser Allee bietet Chancen dazu, weitere Ansätze für eine solche Entwicklung zu finden, denn ein singuläres Dokument europäischer Planungsgeschichte an der Nahtstelle einer lange geteilten Welt (...) kann künftigen Generationen im Wandel ihrer Bedürfnisse weitergegeben werden: ohne nachgetragene Verklärung von Geschichte, aber auch ohne Beschädigung durch allzu kurzfristige Verwertungsinteressen jetzt. Ich (...) bitte um behutsamen Umgang mit dieser Allee(...)"[1)]

Diese Allee im Osten Berlins mußte so oft in einem so relativ kurzen Zeitraum ihren Namen ändern wie wohl wenige Straßen. Sie wurde geliebt, aber vernachlässigt, verhöhnt und vergöttert.

Das Denkmalpflegegesetz der DDR von 1975 stellte den historischen Teil der Allee zwischen Strausberger Platz und Proskauer Straße unter Schutz. Vielleicht, damit die gewaltigen Schäden an ihren Fassaden irgendwelchen Neuerern oder einem Gesinnungswandel in der Politik der DDR nicht als Vorwand dienen konnten, radikale (was „von den Wurzeln ab" heißt) Ordnung des Erscheinungsbildes durchzusetzen, etwa ähnlich, wie das mit den abgeschlagenen Gründerzeitdekorationen der Nachkriegswiederaufbauten geschah.

Und was steckt hinter der „Spiegel"-Nachricht: „Am 2. Oktober 1990, einen Tag vor der Einheit, hat der (damals noch) Ostberliner Magistrat den Vorzeigeboulevard des SED-Staates zum ‚gesetzlich geschützten Denkmal' ausgerufen."[2)] Hatte man im Magistrat eine Vorahnung dessen, was in den folgenden Jahren an Investitionsdruck und Erneuerungssucht auch eventuell auf die Karl-Marx-Allee zukommen könnte? Wollte man damit ein Stück Geschichte und damit Identität der DDR bewahren? Vielleicht.

Heute, 1997, steht jeder Bau unter Denkmalschutz, der zwischen 1952 und 1965 das Gesicht der Allee mitgestalten hilft: Von den so verachteten Laubenganghäusern, den anschließenden Zeilenbauten – Scharouns Vermächtnis an Ostberlin –, der Weberwiese, allen historistischen Bauten zwischen Strausberger Platz und Proskauer Straße, aber hier auch den beiden späten Plattenbauten, die für Sporthalle und Stalindenkmal Ersatz der Straßenfronten bilden, bis hin zum westlichen Teil der Allee zwischen Alexanderplatz und Strausberger Platz, hier jedoch nur die Straßenrandbebauung und das (1996 abgerissene) Hotel Berolina.

Historisch gesehen werden hier drei sehr widersprüchliche Bauetappen durch deren Zeitzeugen in ein Denkmalensemble zusammengebunden: 1. die von Scharoun initiierten Beispiele der aufgelockerten Stadt, 2. die sowjetisch bestimmte Palastarchitek-

Disput zu denkmalpflegerischen Feststellungen zwischen den planenden Architekten und dem Denkmalschutz

Gibbins, Bultmann und Partner
Planungs- und Ingenieurgesellschaft

An Sen Stadt Um
Fachabteilung Denkmalpflege
z.Hd. Herrn Dr. Haspel

18.07.94

Sehr geehrter Herr Dr. Haspel,
die vorgesehene Instandsetzung, teilweise Wiederherstellung und teilweise Beseitigung des vorgefundenen desolaten Zustandes am Block C Süd bedarf der Genehmigung der Denkmalschutzbehörde.
Anläßlich der gemeinsamen Abstimmungsgespräche hatten wir Sie auf die Schwierigkeiten der stadteigenen WBF im Rahmen der durch das Altschuldenhilfegesetz vorgeschriebenen Privatisierung, die zeitlichen Bedingungen des Erbbaurechtsvertrages sowie die Besonderheiten der Fondskonstruktion bei der erbbauberechtigten Gesellschaft bürgerlichen Rechts hingewiesen. Der zwischenzeitlich sehr eng gewordene Zeitrahmen macht es erforderlich, daß auf seiten der WBF wie der GBR nunmehr aufgrund einer die Verwaltung bindenden schriftlichen Aussage entschieden werden muß, ob das baurechtlich ansonsten zulässige Vorhaben aus Gründen des Denkmalschutzes im Ergebnis nicht ausgeführt werden kann und die Objekte an die WBF zurückgegeben werden müssen.
Anläßlich der gemeinsamen Besprechung in Ihrem Hause wurde von Ihnen der Maßnahmenkatalog zunächst wie folgt festgelegt:

1. Vollständige Wiederherstellung der Dachaufbauten in originalgetreuem Zustand.
2. Vollständige Wiederherstellung der Keramik- und Natursteinfassaden an der Vorder- und den beiden Seitenfronten des Gebäudes.
3. Wiederherstellung der rückwärtigen Fassade, Balkone und Fensterumrandungen, jedoch ohne Keramik unter reparaturmäßiger Bearbeitung der beschädigten Putzflächen.
4. Instandsetzung der vorhandenen Fenster vorderseitig wie rückseitig (Kastendoppelfenster), jedoch ohne Iso- und Lärmschutzverglasung an Vorder- und Rückseite.
5. Originalgetreue Rekonstruktion der Treppenhäuser und Eingangsbereiche.
6. Originalgetreue Wiederherstellung der Laubengänge im Erdgeschoß.
7. Originalgetreue Überarbeitung sämtlicher vorhandener Metallteile (Gitter, Geländer, Tore und Lampen).
8. Nutzbare Ausgestaltung des Daches und der Terrassen.
9. Wiederherstellung der Natursteinbereiche (Travertin, Treppen, Sockel).
10. Forderungen zu den auf den Grundstücksflächen der WBF befindlichen Teile der Außenflächen (Pflasterung, Grünflächen, Gebüsch etc.) wurden nicht erhoben (Maßnahmen der Gartendenkmalpflege).

Auf der Grundlage dieses Forderungskataloges haben wir die Ausschreibungen durchgeführt. Die Zusammenstellung der Angebotspreise liegt Ihnen vor, wir fügen diese als Anlage bei.
Gemäß Begutachtung durch den Brandschutzsachverständigen Dr. Schubert entspricht die bestehende bauliche Anlage im Hinblick auf den Brandschutz nicht den Vorschriften der berlinischen Bauordnung und den weiteren hierzu ergangenen fachlichen Vorschriften und speziellen Regelungswerken (Aufzugs VO). Die Forderungen richten sich auf eine Anpassung der baulichen Anlage, weil dies zur Vermeidung einer Gefährdung der öffentlichen Sicherheit oder Ordnung, insbesondere von Leben oder Gesundheit erforderlich sei.
Gemäß § 77 Abs. 5 Bln BauO haben wir in der Ausschreibung, insbesondere bezüglich von Fensterbereichen und Brandschutztüren, auf die Eigenart und das Erscheinungsbild des Baudenkmales Rücksicht genommen, was jedoch zu erheblichen Mehrkosten führt. Wir haben dies in unserer Angebotszusammenstellung ausgewiesen.
Die Arbeiten in den Wohnungen beschränken sich nach den Forderungen der zweiten Grundmieten VO, um die dort festgesetzte niedrige Miethöhe zu erreichen, auf notwendige Installationsarbeiten im Sanitär-/Elektrobereich, um auch hier einen sicheren Standard zu erreichen. Aufgrund der Einbringung neuer Steigeleitungen ist allerdings in den Badbereichen eine Überarbeitung der Oberflächen erforderlich.
Aufgrund von Instandsetzungsarbeiten in den Wohnungen sowie den Maßnahmen insbesondere in Treppenhäusern, Dachbereichen und Fassadenbereichen unter Berücksichtigung der von Ihnen aufgestellten denkmalsbezogenen Mehraufwendungen ergeben sich Baukosten in Höhe von brutto insgesamt DM 2.380,–/qm Nutzfläche.
Eine Privatisierung des Grundstücks bei derartigen Baukosten ist ausgeschlossen. SenBau Wohn Abteilung 4 C hat anläßlich des gemeinsamen Gespräches am 11.07.94 verdeutlicht, daß eine Förderung in diesem Kostenbereich ausgeschlossen ist. Die Bauherrin kann derartige Baukosten bei der Ertragssituation des Gebäudes nicht finanzieren.
Übereinstimmung bestand unter allen beteiligten Dienststellen, der WBF sowie der Bauherrin, daß Einsparmöglichkeiten gesucht werden müssen.
Das wirtschaftlich zumutbare Maß für die Projektdurchführung sieht die Bauherrin bei Baukosten von DM 1.828,–/qm Nutzfläche unter der Voraussetzung, daß diese insgesamt keine Modernisierungsmaßnahmen darstellen, sondern Instandsetzungsmaßnahmen und damit förderfähige Baukosten darstellen. Dabei hat die IBB anläßlich des Gespräches am 14.07.94 verdeutlicht, daß mit weiteren Abschlägen zu rechnen sei, da insbesondere auch der Gewerbeanteil zu berücksichtigen sei, so daß sich die Wirtschaftlichkeit für die Bauherrin als noch weitergehender belastet darstellt.
Tatsächlich entfallen auf die Gewerbeflächen im Inneren keinerlei Instandsetzungsmaßnahmen. Die Kosten im Erd- und ersten Obergeschoß sind im wesentlichen bedingt durch die Wiederherstellung der Dachterrassen, der Geländer und Zieraufbauten (Lampen etc.) sowie der →

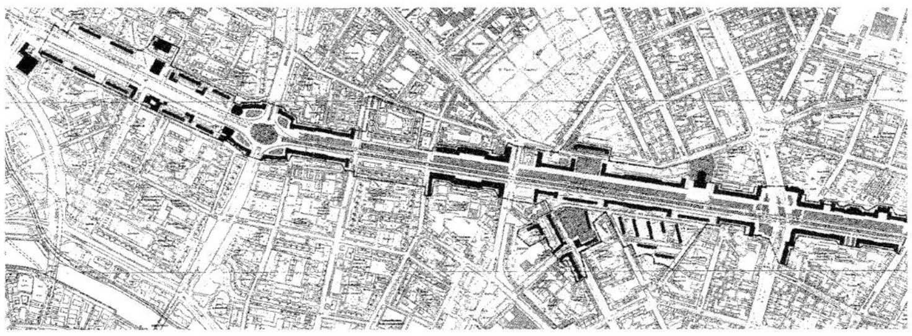

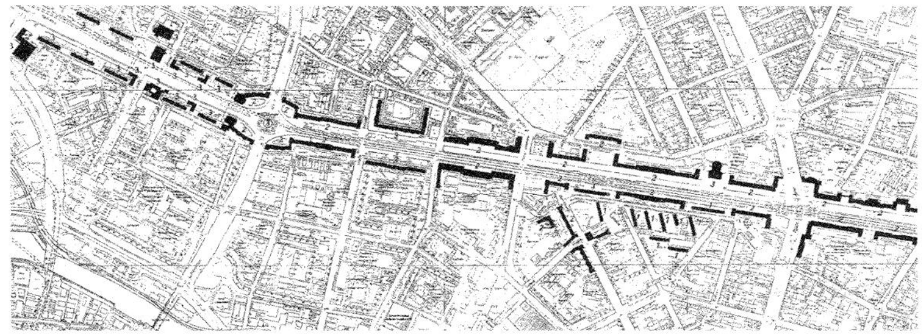

tur der Magistrale und 3. die Zeugen eines industriellen Bauens, wie der in der weiträumigen Stadtlandschaft wie die Anfangsbauten. Dazu kommt als vierter Faktor der Grünraum des historischen Alleeteils, der 1953 von Reinhold Lingner entworfen wurde.

Alle Bauten, die nach § 13, Denkmalverdacht, des Denkmalpflegegesetzes der DDR unter Schutz gestellt wurden, sind in den Denkmallisten der DDR 1989 überprüft und aufgrund des Vereinigungsgesetzes vom 3. Oktober 1990 in ihrem Status als rechtskräftig bestätigt worden. Sie sind in die für Gesamt-Berlin gültige Denkmalliste vom 28.9.1995 eingetragen und unterliegen damit dem „Gesetz zum Schutz von Denkmalen in Berlin" (Denkmalschutzgesetz Berlin) in der Fassung vom 24. April 1995.

Nachdem alle Bauten der ehemaligen Stalinallee auch von ihren neuen Denkmalschützern in ihrem Schutzstatus bestätigt wurden, kann man eine nicht alltägliche Übereinstimmung zwischen dem früheren Magistrat und dem heutigen Berliner Senat feststellen, die sich für den Fortbestand der Allee hoffentlich positiv auswirken wird.

Denn auf der einen Seite heißt es im Denkmalschutzgesetz, daß es „Denkmale nach Maßgabe dieses Gesetzes zu schützen, zu erhalten (und) zu pflegen" habe, andererseits sind die Schäden bei modernen Baustoffen und ebensolchen Konstruktionen aufgetreten, die weder authentisch erhalten (als Material) werden können, da sie größtenteils zerstört sind, noch wiederholt werden dürfen, weil damit Baufehler wiederholt würden, die in absehbarer Zeit zu den gleichen Schäden wie heute führen müssen.

Natursteinfassade zwischen den Schaufenstern und in den Eingangsbereichen, bei denen insbesondere zusätzliche Brandschutzanforderungen für Glas und Eingänge anfallen.
Eine Reduktion denkmalschutzbezogener Aufwendungen wurde von Ihnen für folgende Bereiche angeboten:
1. Instandsetzung bzw. denkmalgerechte Wiederherstellung lediglich der Dachaufbauten, die vom Straßenraum aus sichtbar sind. Die sich unter dieser Prämisse ergebenden Reduzierungen bei den Dachaufbauten haben wir in der beiliegenden Karte 1:100 eingetragen. Die Übersicht enthält graphisch die Bereiche, die aus unserer Sicht zu erhalten bzw. zu sanieren sind, und die Bereiche, die im Rahmen der Sanierungsarbeiten der gesamten Dachfläche entfallen können. Das Dach ist nur in denjenigen Bereichen begehbar auszubilden, in denen es aufgrund feuerschutztechnischer Vorschriften oder aber aus mietvertraglichen Bindungen der WBF geboten ist.
2. Rückfassade: Verzicht auf jegliche Kachelung. Es wird versucht, vorhandene Ornamente und Kacheln zu bergen und für spätere Verwendung an anderer Stelle zu lagern. Auflagen bezüglich der Gestaltung der Balkone, der Fensterumrahmungen und Eingangs- und Durchgangsbereiche, der Traufen, der Erker und Treppenaufgänge bestehen nicht. Es soll versucht werden, einen durchgefärbten Reparaturputz aufzubringen und beizuarbeiten. Natursteinbekeidungen und Fehlstellen werden gesichert bzw. duch Beiputz bearbeitet.
3. Die Doppelkastenfenster werden vorder- wie hinterseitig lediglich im eingebauten Zustand überarbeitet. Auf die besonderen Belastungen der Mieter wird hingewiesen.
4. Balkongitter, Hofdurchgangstore sowie Türausfachungen aus Metall werden lediglich örtlich ausgebessert und malermäßig überarbeitet.
5. Konservatorische Auflagen zu den inneren Erschließungsbereichen (Hausflure erdgeschossig und Treppenhäuser) werden nicht erhoben. Zubehör und Stuck werden nach Möglichkeit überarbeitet und erhalten.
6. Die im Erdgeschoß befindlichen Laubengänge in den Bauabschnitten II, III und IV werden für den Bereich III in der Breite der großen Haupthalle als Teil öffentlicher Flächen für Wohnungsmieter und Besucher weiterhin vorgehalten. Vorhandene Farbigkeit und Stuck werden überarbeitet, die Brandschutzauflagen (Sicherung der Fluchtwege) sind zu beachten. Eine Zeichnung wird beigefügt. Die übrigen Laubengangbereiche sind in möglichst großen Abschnitten von der späteren Verwaltung aufzuteilen und der gewerblichen Nutzung zuzuführen.
Die künftigen Gewerbemieter sollen im Rahmen des wirtschaftlich vertretbaren im Rahmen der Gewerbemietverträge verpflichtet werden, Farbigkeit und Stuck in den ihnen zugewiesenen Bereichen der früheren Laubengänge zu erhalten. Für Treppenhäuser, die nur hofseitig erschlossen sind, werden die benötigten Teile aus dem Laubengang herausgenommen, unter Beachtung der brandschutztechnischen Gesichtspunkte abgeschottet und im übrigen farblich und stuckmäßig erhalten. Innenliegende Fensterbereiche in den Vorfluren, Treppenhäusern, Fluchtwegen und verbleibenden Laubengängen sind nach Möglichkeit zu vermeiden. Die entsprechenden Wandbereiche sind gestalterisch anzupassen.
7. Die Fahrstuhlanlagen sollen unter Kosteneinsparungsgesichtspunkten und den sich hier deckenden konservatorischen Ansprüchen erhalten bleiben. Bezüglich des Bestandsschutzes bestehen Bedenken. § 34 Abs. 2 der Bln BauO enthalten zwingende Vorschriften zur vorbeugenden Gefahrenabwehr. Danach müssen im Innern von Gebäuden eigene feuerbeständige Schächte vorhanden sein, sie dürfen nur in Gebäuden bis zu 5 Vollgeschossen ohne eigene Schächte innerhalb der Umfassungswände des Treppenraumes liegen und auch in diesem Falle sicher umkleidet sein. Im vorliegenden Falle werden bauordnungsrechtlich in allen Fällen Befreiungen erforderlich sein. Wir gehen auch davon aus, daß eine Befreiung nur unter verschärften feuerschutztechnischen Anforderungen erteilt werden wird. Wir gehen davon aus, daß in diesem Falle die alten Umkleidungen nur exemplarisch auf der feuersicheren Ummantelung der Aufzugsschächte angebracht werden können. Sollte von Ihnen im Vorwege eine andere bauaufsichtliche Entscheidung ersichtlich werden, greifen wir diese aus Kostengründen gerne auf. Wir weisen allerdings darauf hin, daß wir bei der Variante (DM 2.380,-/qm Nutzfläche) bereits die vorhandenen Wände belassen haben. § 34 Abs. 1 der Bln BauO in Verbindung mit § 77 Abs. 2 Bln BauO verlangt jedoch, daß die Aufzugsanlagen so zu unterhalten sind, daß die öffentliche Sicherheit oder Ordnung, insbesondere Leben oder Gesundheit nicht gefährdet werden und dabei die allgemein anerkannten Regeln der Technik beachtet werden. Die entsprechenden Regelungswerke, die heute gelten, gehen in ihren Anforderungen weit über das seinerzeit zum Errichtungszeitpunkt Verlangte hinaus.
Unter der Voraussetzung, daß feuerfeste Aufzugsschächte nicht in feuerfester Ausführung auszubilden sind, ergeben sich nach unserer Kostenschätzung Baukosten brutto in Höhe von DM 1.980,-/qm Nutzfläche. In dieser Kostenvariante ist die vollflächige Wiederherstellung der Keramikfassaden zur Karl-Marx-Allee, zur Straße der Pariser Kommune sowie zur Koppenstraße hin enthalten, wobei auf den qm Nutzfläche rd. DM 700,–/qm entfallen.
Demgegenüber würde eine Ausbildung der Hauptfassade sowie der seitlichen Nebenfassaden in Putzausbildung unter vorheriger Rettung aller sicherbaren Schmuckelemente, deren konservatorischer Behandlung und Wiedereinbringung in den Außenputz ca. DM 500,-/qm Nutzfläche betragen (DM 280,-/qm Putz, DM 220,- Sicherung und Wiederanbringung der Schmuckelemente).
Alternativ zur Sicherung der Hauptfassade in statisch erforderlicher, vollständiger Wiederaufarbeitung und originaler Ergänzung fehlender Teile kommt der Verzicht auf die Keramikfassaden bei Anbringung von Putz zuzüglich von Stuckelementen an den beiden seitlichen Fronten in Betracht. In dem Größenverhältnis zur Hauptfassade würde der Verzicht auf die vollständige seitliche →

Links: Denkmalzone Karl-Marx-Allee. Alle schwarz markierten Gebäude sowie die schraffierten Freiflächen stehen unter Denkmalschutz.
Rechts: Denkmalzone nach Bauzeiten geordnet: 1 Nachkriegsmoderne (1948–1950), 2 nationale Tradition (1951–1958), 3 Plattenbauten u.ä. (1959–1965)

Und da es sich bei den in diesem Buch geschilderten Instandsetzungsarbeiten nach § 11 des Denkmalschutzgesetzes um genehmigungspflichtige Maßnahmen handelt, die von der Keramikfassade bis zum kleinen Beleuchtungskörper in den Foyers reichen, mußte praktisch jeder Arbeitsschritt zwischen den Architekten und der Denkmalschutzbehörde abgesprochen und zu einem Konsens gebracht werden. Wie das im einzelnen geschah, ist in den Buchabschnitten „Instandsetzung“ und „Arbeitsschritte“ dargelegt. Das Ergebnis ist für beide Partner sicher akzeptabel und zeigt beispielsweise, wie die Denkmalpflege unrealisierbare Maximalforderungen durch machbare Lösungen zu ersetzen zuläßt. So hatte der Beirat für Baudenkmale (ein Beratergremium für die Denkmalschutzbehörde) in seiner Sitzung vom 30.1.1995 gefordert:

„Insbesondere sind

– die Plattenverkleidungen mit dekorativer Funktion in ihrem Originalzustand und -ort zu erhalten bzw. in ursprünglicher Form wiederherzustellen

– die Keramikplatten in schonendstem Verfahren abzunehmen und in größtmöglichem Umfang wiederzuverwenden (Substanzerhaltung)

– die Rückseiten der Gebäude unter Berücksichtigung von Befundbahnen und allen berücksichtigungsfähigen Details zu sanieren

– die neuen Verkleidungen den ursprünglichen Dimensionen des Fassadenreliefs und damit der originalen Oberflächentextur und Gesamtwirkung weitestgehend anzunähern (Überprüfung der Notwendigkeit von Maßnahmen zur Wärmedämmung und eines eventuellen ausgleichenden Fensterversatzes in jedem Einzelfall).“

Um dieser Konfliktsituation von vornherein das Stigma der Konfrontation zu nehmen – und die Instandsetzungsarbeiten überhaupt anzugehen und innerhalb des Kosten- und Zeitrahmens durchführen zu können, fragten die Planer nach intensiven Vorgesprächen bei der Baudenkmalpflege nach Verringerung der denkmalpflegerischen Auflagen nach, die das Denkmalamt bereits nach zwei Tagen in einem Antwortschreiben präzisierte. Die beiden Schreiben sind im Wortlaut wiedergegeben, weil sie beispielhaft dafür sind, wie Behörde, Investor und Architekt sinnvoll zusammenarbeiten können, und das nicht nur im Fall Karl-Marx-Allee.

Diese Verständigung kann man negativ mit „schlechtem Kompromiß“ oder, schlimmer noch, „Ausverkauf der Denkmalpflege“ abtun. Doch steckt mehr dahinter, nämlich die Frage, welchen kulturellen Stellenwert das authentische Bewahren in Wirklichkeit hat. Wolf Schneider hat dieses Thema jüngst in einem Aufsatz[3] im Zusammenhang mit der möglichen Rekonstruktion des Berliner Stadtschlosses aufgegriffen und spricht dabei von der fehlenden „Aura“ (nach Walter Benjamin) bei jeder Kopie. Er fragt dann aber: „Wo ist der ästhetische Unterschied zwischen einer Lithographie, die Vollard zu Picassos Lebzeiten druckte, und einem späteren Abzug vom selben Stein?“

Ohne Schneider in allem recht geben zu wollen, werden wir schon sehr bald die wirk-

Keramik mit Ausnahme der Schmuckelemente Einsparungen von ca. DM 40,–/qm, bei Ausführung einer reinen Putzlösung ca. DM 70,–/qm Nutzfläche ergeben. Mithin könnten auch durch diese Beschränkung Baukosten von DM 1.800,–/qm nicht erreicht werden.

Es erscheint fraglich, ob im Rahmen des Förderprogrammes stadtweiter Maßnahmen eine öffentliche Förderung für den Erhalt der Keramikfassaden in Betracht kommt. Von den strengen Prüfungsmaßstäben der IBB wird Ihre Mitarbeiterin Frau Schulz aus der Besprechung am 14.07.94 berichtet haben. Der Durchführung des Gesamtvorhabens wäre auch nicht gedient, wenn zwar möglicherweise die Fassade anteilig gefördert würde, unabdingbare technische Arbeiten in dem Bereich der Fahrstühle oder der Wohnungsinstallationen jedoch nicht, weil diese von der IBB als nicht förderfähige Maßnahmen mit Modernisierungsanteil angesehen werden. Es kommt daher zwingend auf eine Reduzierung der Baukosten an.

Um eine abschließende Prüffähigkeit der Förderanträge zu gewährleisten und ggfs. nach Prüfung der IBB eine abschließende behördliche Entscheidung über den Umfang der öffentlichen Förderung oder über eine angemessene Entschädigung für denkmalsbedingte Erschwerungen herbeiführen zu können, bedarf es kurzfristig Ihrer schriftlichen Bestätigung, welche Forderungen von Ihrer Abteilung abschließend erhoben werden.

Die bereits unter den o.g. Gesichtspunkten überarbeiteten Anträge müssen am 22.07.1994 bei der IBB nach deren Maßgabe vorliegen, um noch binnen dieses Monats eine technische Prüfung über die förderfähigen Kosten zu ermöglichen.

Wir bitten daher unter Berücksichtigung von einem Werktag zur Einarbeitung etwaiger veränderter Vorgaben um Ihren schriftlichen Bescheid, d.h. wir müßten am 21.07.94 früh eine Nachricht von Ihnen haben. Diese verstehen wir als bindende schriftliche Aussage der Verwaltung zum Umfang des gewünschten Denkmalschutzes.

Zur Rücksprache erreichen Sie mich in dieser Woche über mein Berliner Büro.

Mit freundlichen Grüßen
Gibbins

Senatsverwaltung
für Stadtentwicklung und Umweltschutz
Berlin

An Gibbins, Bultmann und Partner
Planungs- und Ingenieursgesellschaft

Berlin, 20.7.1994

Sehr geehrter Herr Gibbins,
wir bestätigen, daß die auf S. 3–4 aufgezeigten Punkte Ihres Schreibens vom 18.7.1994, die Instandsetzung des Blocks C Süd in der Karl-Marx-Allee in Berlin-Friedrichshain betreffend, die denkmalpflegerischen Minimalanforderungen umschreiben, auf die das Denkmalpflegekonzept (S. 1–2, Pkt. 1–10) heruntergesetzt werden kann, um eine wirtschaftlich tragfähige Lösung zu ermöglichen.

Wir stellen eine denkmalrechtliche Genehmigung des Vorhabens in Aussicht, wenn die auf Seite 3–4 Ihres Schreibens genannten Auflagen unter Berücksichtigung nachstehender Ergänzungen erfüllt werden:

1. wie im o.g. Schreiben definiert

2. Rückfassade: In situ überkommene und sicherungsfähige keramische Elemente werden belassen. Vorhandene Ornamente und Kacheln, die nicht in situ zu erhalten sind, werden geborgen und für die spätere Wiederverwendung zwischengelagert. Auflagen bezüglich der Gestaltung der Balkone, der Fensterumrahmungen sowie Ein- und Durchgangsbereiche, der Traufen, Erker und Treppenaufgänge bestehen nicht.

Es soll versucht werden, einen farblich angeglichenen Putz (auf Grundlage der Zuschlagstoffe bzw. durchgefärbt) als Reparaturmaterial zu verwenden und auf einen Anstrich zu verzichten.

Die Natursteinbekleidung wird gesichert. Fehlstellen werden ergänzt, wenn dies aus bautechnischer bzw. bauphysikalischer Sicht erforderlich ist.

3. wie im o.g. Schreiben definiert

4. wie im o.g. Schreiben definiert

5. Restauratorische Auflagen zu den inneren Erschließungsbereichen (Hausflure erdgeschossig und Treppenhäuser) werden nicht erhoben. Vorhandene Gliederungselemente (Stukkaturen) und historisch wertvolle Ausstattungsstücke werden erhalten und instandgesetzt.

6. Die im Erdgeschoß befindlichen Laubengänge in den Bauabschnitten II, III und IV werden für den Bereich III in der Breite der großen Haupthalle als Teil öffentlicher Flächen für Wohnungsmieter und Besucher weiterhin vorgehalten. Die malermäßige Instandsetzung erfolgt bei Erhaltung der vorhandenen Gliederungselemente (Stukkaturen) und historisch bedeutender Ausstattungsstücke (einschließlich der Fenster und Türen).

Die Laubengänge in den Bereichen II und IV können entsprechend den gewerblichen Nutzungsanforderungen segmentiert werden. Die Stukkaturen und historisch bedeutenden Ausstattungsstücke werden erhalten.

weiter im Text Gibbins S. 4 / 1. Abs.

7. (irrtümlicherweise als Pkt. 5 aufgeführt) sollte durch nachfolgenden Passus ersetzt werden:

Die Fahrstühle fallen nach Auffassung der Denkmalpflege unter Bestandsschutz. Sie sind zu erhalten; im Fall brandschutztechnisch oder bauordnungsrechtlich erzwungener Neuerungen sind die Fahrstuhlumkleidungen im historischen Bestand am Ort zu bewahren (ggf. zu sichern und wiederanzubringen).

Putzflächen anstelle der Keramikflächen sind für die straßenseitigen Haupt- und Nebenfassaden denkmalrechtlich nicht genehmigungsfähig.

Mit freundlichen Grüßen,
Dr. Haspel

lichen Ansprüche von „Original“, „authentisch“ untersuchen und uns wohl eine andere als die bisherige Meinung dazu bilden müssen. Denn damit hängt auch der Begriff der Unantastbarkeit eines Denkmals zusammen, der das Bewahren als kulturelle Verpflichtung, Veränderungen aber, selbst rücksichtsvolle, einfühlsame oder ingeniöse, als verabscheuenswürdige Barbarei klassifiziert.

Denn die Zukunft der Karl-Marx-Allee hat noch ganz andere „Denkmalkonflikte“ bereit, wie das einmal der Leiter des Landesdenkmalamtes Berlin, Jörg Haspel, formuliert hat.[4] Er zählt dazu: Frage der Parkplätze, Schaufensterfronten und Reklameflächen, rückwärtige Erweiterungen und Innenraumgestaltung der Geschäftslokale, die Freiraumgestaltung des Boulevards sowie die Fassadensanierung der knapp 50.000 Quadratmeter Keramikplatten.

Die von Haspel nur angedeuteten Lösungen – Rückbau der sechs auf vier Fahrstreifen zur Gewinnung zweier Parkbuchten und ein neues Gestaltungskonzept für die Ladenfronten – deuten eine, wenn auch vorsichtige Änderung des praktizierten Denkmalschutzes an, die ihn nicht verwässern will, sondern andere Prioritäten setzt.

Zum Schluß dieses Abschnittes werden zwei, vielleicht rhetorische Fragen an die Denkmalpflege gestellt: eine zum baulichen Detail, die andere zu großen Veränderungen.

Die erste Frage betrifft die Wohnungsfenster. Die originalen sind meist Kasten-Doppelfenster aus Holz und wegen jahrelanger Vernachlässigung nur mit großem Aufwand zu reparieren und auf Dauer zu pflegen. Der verständliche Wunsch des Bauherrn, diese finanzielle Dauerbelastung durch den Einbau von Kunststoffenstern für absehbare Zeit aus der Welt zu schaffen, wurde von der Denkmalpflege rundweg abgelehnt. Das ist aus zwei Gründen nicht ganz verständlich: einmal wegen der vermeintlichen Verletzung des Authentischen, also der „Aura“ (s.o.), zum anderen wegen der Form von Fensterprofilen aus Kunststoff. Nun gibt es genügend Profile, die eben nicht die breite, platte Ansicht wie die üblichen haben, sondern schmäler, profilierter sind, kurz aus dem Geist jener kultivierten normalen, alten oder – wie bei der Karl-Marx-Allee – historisierenden Architektur entwickelt sind. Man sollte zumindest einigen ausgesuchten Firmen Gelegenheit geben, ihre Fenster zu einer fachlichen Diskussion stellen zu dürfen, um sie an Ort und Stelle prüfen zu können. Damit könnten nicht nur die Fragen zukünftiger Bauunterhaltung, sondern aktuell die (vom Beirat monierte) durch die Fassadeninstandsetzung bedingte bisherige Veränderung des Fassadenreliefs vermieden werden. In der Zwischenzeit sind probeweise Kunststoffenster eingebaut worden, die auch ein kritischer Beobachter von der Straße aus noch von Holzfenstern unterscheiden kann, die aber zeigen, daß die Industrie in der Lage ist, bessere Profile als bisher zu produzieren. Das ist keine neuerliche Aufweichung denkmalpflege-rischer Grundsätze, sondern eine Entscheidung für die Zukunft der Allee, die noch bezahlbar ist.

Die zweite Frage – eigentlich sind es zwei – berührt das Großmaßstäbliche in der Allee: Es sind einmal die Neubauten, besonders jenes 1997 fertiggestellte Verwaltungshochhaus zwischen Block C- und D-Süd und die Überlegungen für das Pendant auf der gegenüberliegenden Seite. Dieses fertige Verwaltungsgebäude könnte überall stehen, setzt sich nicht mit der Allee auseinander, ist kein Akzent, keine Bereicherung, sondern in seiner ökonomischen Geprägtheit eine starke Verunglimpfung der es umgebenden Architektur des Sozialismus. Für diesen Platz gab es von anderen Investoren und Architekten früher schon weit bessere Vorschläge.

Der andere großmaßstäbliche Aspekt betrifft die Sanierung der Keramikfassaden, für deren formal exakte und bautechnisch einwandfreie Rekonstruktion wohl schon in Bälde die Mittel fehlen werden. Da aber die Fassaden saniert werden müssen, sollen die Bauten keine Ruinen werden, muß man einmal über die heute sicher noch unwahrscheinlichste Form der Fassadenreparatur, nämlich die Flächenkeramik durch Putz zu ersetzen, reden wollen und reden dürfen, statt diese Frage von vornherein nicht zuzulassen. Putzfassaden als Zeitzeugen der neunziger Jahre? Ist das völlig abwegig? (Besonders, weil es in einer geänderten Situation leicht korrigierbar ist.) Früher hat sich in der Politik mancher „Runde Tisch“ als guter Verständigungsort bewährt. Vielleicht sollte man ihn für die Zukunft der Allee wieder einführen und alle Beteiligten – Betroffene, Verantwortliche und Spezialisten – auch aus der Geschichte der Allee – dazu einladen?

Der Verwaltungbau der Allianz zwischen den Blöcken C-Süd und D-Süd tritt in Konkurrenz zu den Türmen am Frankfurter Tor und Strausberger Platz, was die ursprüngliche Konzeption der Stalinallee stört.

Gutachten für die Sanierung

Im Gegensatz zum Neubauen, das sich vom Ausheben der Baugrube bis zur Schlüsselübergabe in voraussehbaren Schritten entwickelt, geht die Baureparatur von einem fertigen, jedoch in Teilen maroden Gebäude aus, das sie gutachtlich gedanklich auf den Rohbauzustand zurückführt, um es anschließend von seinen Schäden zu befreien und in einen zweiten Neubauzustand zu bringen.

Die einzelnen Schritte dahin sind ein Netz von gegenseitigen Abhängigkeiten oft mehrmals formulierter Maßnahmen. Man hat sich daran gewöhnt, und es ist eine weit verbreitete Meinung, daß Sanierungen von Gebäuden irgendwelchen Alters immer mit meist unangenehmen finanziellen Überraschungen verbunden seien. Der Grund dafür liegt darin, daß man eben nicht „in sie hineinschauen" und anfangs nicht jene Schäden erkennen könne, die sich erst im Laufe der Sanierungsarbeiten herausstellen.

Diese Vorstellung und die darauf fußende Arbeitsweise war bei den Instandsetzungsarbeiten bei der Karl-Marx-Allee nicht möglich, da nach der Vergabe das gesamte Zahlenwerk nicht mehr verändert werden und die Höhe der Mieten, die Zuschüsse und andere Kostengrenzen nachträglich nicht erhöht werden durften. Vor Beginn der Instandsetzungsarbeiten mußten die Planer allen Beteiligten einen verbindlichen Kosten- und Maßnahmenplan vorlegen, von dem nicht nach oben abgewichen werden durfte. Die jetzt vorliegende Abrechnung des Blocks C-Nord zeigt, daß das Ziel erreicht wurde, dies, obwohl aufgrund der verschiedenen finanziellen Bindungen der Kostenrahmen nicht so weit gefaßt werden konnte, daß alle nur möglichen Eventualitäten und unvorhergesehene Ereignisse bequem darin Platz gefunden hätten. Außerdem war die Bearbeitungszeit vom Gutachten bis zur Vergabe auf maximal sieben Monate begrenzt.

Um die zu erwartenden Leistungen und deren Kosten in den Griff zu bekommen, bedurfte es eines fundierten bautechnischen und finanztechnischen Wissens, das nur jahrelange Beschäftigung mit Instandsetzungs- und Modernisierungsarbeiten und die daraus gewonnene Erfahrung vermitteln können. Es ist die Praxis, die durch theoretisches Wissen ihre Untermauerung erfährt, wodurch sie in die Lage versetzt ist, Aussagen zu Kosten und Leistungen zu machen, auf die die Bauherrschaft ihre Kalkulationen errichten kann. Dieses Wissen ist auch nicht ansatzweise durch Studium, Aufbaustudium oder andere Lehrveranstaltungen zu vermitteln, besonders auch deshalb, weil ständig ein Zuwachs an Erfahrungen stattfindet, während „überholte" Kenntnisse gleichzeitig abgestoßen werden.

Ein weiterer Punkt bei der Schäden- und Kostenermittlung ist das Prozedere. Es ist völlig unabhängig von den Arbeitsschritten, wie sie etwa die Honorarordnung für Architekten und Ingenieure (HOAI) – zu Recht für den Normalfall Neubau – vorgesehen hat, und ist in etwa vergleichbar einem schrittweisen Vorgehen, das ständige Rückkoppelung und Korrektur, Modifizierungen der Leistungen in Einzelheiten, Anerkennung von berechtigten Einsprüchen Beteiligter ermöglicht. Entscheidend aber ist, daß die Kosten immer die Richtschnur bleiben, weshalb das Ziel der Instandsetzungsarbeiten der pragmatische Kompromiß ist, man aber nicht das wohl realitätsferne Ideal anstreben oder gar erreichen kann. Bei der Untersuchung des Blocks C-Süd ging man deshalb vom maximalen Instandsetzungsaufwand aus, gewissermaßen der absoluten Reparatur, und näherte sich dann in Einzelschritten jener Summe, die politisch erreichbar war (wegen der Höchstgrenzen der Subventionierung) und vom Bauherrn, der Bautechnik und der Denkmalpflege akzeptiert wurde.

Folgende Arbeitsweise, ein schrittweises Vorgehen, hatte sich schon früher als beste Lösung erwiesen und wurde auch bei der Karl-Marx-Allee angewandt. Vorher werteten die Planer (Projektleiter Dipl.-Ing. Peter Esch) alle vorhandenen Planunterlagen, Kostenberechnungen für den gleichen Bau durch die Wohnungsbaugesellschaft Friedrichshain GmbH vom 22.11.1993, Gutachten – auch für andere Bauten der Karl-Marx-Allee – und Befragungsprotokolle bei Fachkollegen, Benutzern, Hausmeistern, öffentlichen Stellen etc. aus.

Der 1. Bearbeitungsschritt soll die Planer in Stand setzen, das Gebäude so kennenzulernen, daß es für sie in seinen Massen und Maßen, seiner baulich-konstruktiven Substanz und besonders seinen Mängeln offen vor ihnen liegt.

Dies geschieht in einer minuziösen Begehung des Hauses, das wie im Fall der C-Blöcke leicht erfaßbar war, weil es zeitlich homogen errichtet, ohne mehrere Bauphasen und damit verbundene Umbauten und Reparaturen war.

Die Begehung hält in Wort und Bild alle äußerlich sichtbaren Tatsachen fest: Das sind Ca.-Maße, Zahl der Bauteile z.B. Fenster, sichtbare und leicht auffindbare Schäden. Bei der Begehung werden bei Unklarheiten und Verdacht auf größere Schäden die Wand-, Decken- und Bodenoberflächen dort auch so weit geöffnet, daß eingehende Untersuchungen gemacht werden können. Das Resultat ist eine überschlägige Massenermittlung, verbunden mit einem Kurzgutachten. Hier wird auch festgehalten, was instandgesetzt werden muß, um einen langfristigen Werterhalt des Gebäudes sicherzustellen und zukünftige Reparaturen auf ein Minimum zu beschränken. Was hier an geschützten Elementen repariert werden mußte, wurde mit der Denkmalpflege vorher abgestimmt. Für Begehung und Computer-Erfassung benötigten die Planer 20 Arbeitstage.

Die Ergebnisse der Begehung in bezug auf Massen und Leistungen wurden in eine ausführliche Kostenberechnung übertragen, deren Preisgerüst aus Erfahrungswerten gebildet wird, welche aus früheren, bereits abgerechneten Projekten stammen. Durch Indexierung ist es möglich, alle bei der Begehung erfaßten Gewerke mit ihren heute anfallenden Kosten darzustellen, wie sie bei folgenden unterschiedlichen Ausführungen entstehen werden:

a) Grundsanierung einschließlich Keramikfassade
b) Reduzierte Sanierung, Fassade verputzt
c) Reduzierte Sicherung, Keramik-Fassade wird nur gesichert

Im vorliegenden Fall sagte der Kostenausdruck, daß die Gesamtsumme für a) 55 Mio, für b) 42 Mio oder für c) 24 Mio DM betragen würde.

Diese für Außenstehende vielleicht unglaublich genauen , aber zutreffenden Kostenberechnungen gaben dem Bauherrn ein detailliertes Bild, mit welchen Kosten er wo und bei welchem Sanierungsaufwand rechnen muß. Das gibt ihm einen genauen Überblick über mögliche Bausummen und versetzt ihn in die Lage, mit allen Beteiligten die für alle tragbare Höchstsumme festzulegen, was für den Planer bedeutet, die einzelnen Arbeitsschritte aufs neue zu überprüfen. Verbunden damit waren bei Block C-Süd Streichungen verschiedener nicht dringend erforderlicher Arbeiten und Anpassungen des Standards in verschiedenen Bereichen, die wiederum dem Bauherrn, den genehmigenden Stellen und der Denkmalschutzbehörde vorgelegt wurden.

Die jetzt vorliegenden Zahlen dienen im 2. Bearbeitungsschritt dazu, altbaugerechte Ausschreibungen und Kostenanschläge, den sogenannten Baukostenrahmen zu erstellen. Hierbei wird abgewogen zwischen Maximallösungen und z.B. möglicher Obergrenze der Fördermittel, was zwei Konsequenzen hat: 1. Kostenreduktion durch Leistungsreduktion und 2. sinnvolle Reduzierung der Maßnahmen. Hier beginnt der pragmatische Ansatz zu greifen, der, wie im Abschnitt „Denkmalpflege" gezeigt ist, zu notwendigen Abstrichen bei den Forderungen der Denkmalpflege geführt hat. Schon zu diesem Zeitpunkt der Bearbeitung wurde die Frage des Verzichts auf keramischen Schmuck auf der Hofseite entschieden, um einen ganz erheblichen Eingriff in die ersten Vorstellungen der Denkmalpflege zu nennen, die zur totalen Rekonstruktion tendierten. Was diese Reduzierung im einzelnen bedeutet, kann an den Balkonen auf der Hofseite erläutert werden. Auf der einsturzgefährdeten Bodenplatte standen geschoßhohe Stützen mit aufwendiger Keramikbekleidung. Die Brüstungen waren aus Schmiedeeisen. Alle Einzelteile waren bis zur Irreparabilität hin zerstört. Die Sanierung sah vor: Sanierung der Kragplatte, Verzinkung des Schmiedeeisens zur Verlängerung der Bestandsdauer, neue Stützen aus Vierkantrohren in Abmessung und Anstrich den ursprünglichen Stützen angelehnt. (s. Seite 102).

In diesem 2. Schritt werden auch, wenn erforderlich, Ausführungsalternativen erarbeitet und zusätzliche Angebote eingeholt, die sich alle im Rahmen der Instandsetzung halten müssen, da Modernisierungsarbeiten nicht bezuschußbar waren. Als Beispiel: Ersatz eines verrotteten Fensters durch ein neues hätte auch die Neubemessung der das Fenster umgebenden Wand zu Folge gehabt, wodurch die heutige Wärmeschutzverordnung für beide wirksam geworden wäre. Das hätte erhebliche Kostensteigerungen bewirkt.

Die eingesandten Leistungsverzeichnisse werden gemäß der Verdingungsordnung für Bauleistungen (VOB) geprüft, die Firmen auf ihre Solidität und Solvenz, auf ihre technische Ausstattung und Erfahrung untersucht, und dann wird der günstigste (nicht der billigste) Bieter ausgesucht.

Die Gesamtzahl der Angebotssummen in den Leistungsverzeichnissen ergibt schließlich den Gesamtkostenrahmen, zu dem noch die Gemeinkosten der Baustelle sowie die Nebenkosten addiert werden müssen.

Der 3. Bearbeitungsschritt hat das Ziel, die Kosten festzuschreiben. Dafür ist die Abstimmung mit den fördernden Stellen, den Trägern öffentlich-rechtlicher Belange wie Brandschutz und Bauordnung, mit Bauherr und der Denkmalschutzbehörde erforderlich.

Im 4. Bearbeitungsschritt versuchen die Planer, die in den Schritten 1 und 2 genannten Summen zu erreichen. Dazu müssen Massenansätze und Maßnahmen reduziert werden, was in Abstimmung mit den im 3. Schritt genannten Stellen erfolgt, jetzt aber auch mit den beteiligten Firmen. Weitere Möglichkeiten der Reduzierung: Standardsenkung, Ausführungsalternativen, zusätzliche Angebote sowie zähes Verhandeln mit den Firmen. Dieser Schritt entspricht mit seinen Inhalten üblichen Ausschreibungen. In diesem Schritt wurde auch die Gesamtreduzierung der Hoffassaden-Sanierung erreicht.

Der 5. Bearbeitungsschritt führt nach neuerlicher Überarbeitung des Gesamtkostenrahmens zu den konkreten Vertrags- und Vergabeverhandlungen, wobei die Kostensicherheit von 5% unverzichtbar ist.

In diesen erreichten Beträgen ist sogar die in Schritt 1 genannte Keramikfassade erhalten.

Anschließend erfolgt die Vergabe gemäß Einheitspreisvertrag mit Höchstpreisklausel, Vertragsbedingungen wie Gewährleistung, Vertragsterminen, Zahlungsweise etc. Alle Verhandlungsprotokolle, Planunterlagen, Massenberechnungen, Bauzeitenpläne sowie Bürgschaften sind immer Vertragsbestandteil.

Für den Block C-Süd ergaben sich folgende Beträge:
Kostenberechnung 40,2 Mio DM
Kostenanschlag 39,8 Mio DM
Kostenfeststellung 39,6 Mio DM

Für den Block C-Nord ergaben sich folgende Beträge:
Kostenberechnung 35,0 Mio DM
Kostenanschlag 35,0 Mio DM
Kostenfeststellung 34,2 Mio DM

Bauablauf und Abrechnung. Baubesprechungen mit verbindlichem Protokoll und Teilnahmepflicht für alle Firmen finden regelmäßig statt. Erstellung von Reparaturplänen für alle Gewerke und Kostenberechnungen, die kontrolliert und mit den zur Verfügung stehenden Mitteln abgeglichen werden. Konsequente Terminverfolgung; Nachträge werden nur als Nachtragsvereinbarung mit Vertragserweiterung anerkannt. Zahlungsfreigabe nur nach geprüften Rechnungen mit Massenberechnung.

Arbeitsabläufe

Die fünf Bearbeitungsschritte, die im vorigen Kapitel dargelegt wurden und bei Außenstehenden vielleicht in den Ruf praxisfernen Wunschdenkens kommen könnten, haben sich während aller Bau- und Realisierungsphasen bewährt.

Das wird detailliert im Folgenden an den Arbeiten bei den Blöcken C-Süd und C-Nord erläutert, weil diese bereits abgeschlossen und damit überprüfbar sind, und umfaßt die Einhaltung der Zeit- und Kostenpläne, die Realisierung der in der Projektbeschreibung definierten Arbeiten sowie die Mieterverträglichkeit der Baumaßnahmen. Der letzten Bedingung kommt deshalb so große Bedeutung zu, weil mit Rücksicht auf die kurze Bauzeit und wegen fehlender Ausweichmöglichkeiten die Mieter in ihren Wohnungen verbleiben mußten.

Um das positive Ergebnis des Zeitplans vorwegzunehmen: Die Arbeiten an Block C-Süd begannen im Januar 1995 und mußten am 30. Juni 1996 fertiggestellt sein. Er wurde am 29. Juni 1996 an den Bauherrn übergeben.

Bei Block C-Nord war es ähnlich: Nach einer Bauzeit von 13 Monaten sollte er am 31. Dezember 1996 übergeben werden. Die Übergabe fand schon am 14. Dezember 1996 statt.

Wie die dazu notwendige ständige Überwachung des Bauzeitenplans funktionierte, hat der dafür verantwortliche Mitarbeiter im Büro Gibbins, Bultmann und Partner (GuP), Dipl. Ing. Ronald Brau, beschrieben:

„Vor Beginn der Baumaßnahme wurden Zeitpläne erstellt. Die Zeitplanung legte den Ablauf in jeder der 500 Wohnungen mit Anfangs- und Endtermin fest.

Jede Firma wurde vertraglich zur Einhaltung der zahlreichen Zwischentermine verpflichtet. Hätte z.B. die Sanitärfirma oder Fliesenlegerfirma einen der 78 vertraglichen Zwischentermine nicht einhalten können, wäre ein gesamter Strang mit wenigstens 5 übereinander liegenden Wohnungen nicht bearbeitet worden.

Die Bauzeitkontrolle erfolgte täglich im Büro und auf der Baustelle. Die vertragliche Festlegung von Terminen in jedem Gewerk ermöglichte bei eintretenden Zeitüberschreitungen, die Firmen frühzeitig zu mahnen unter Hinweis auf Vertragsstrafe und Schadenersatz."

Die Kostenpläne sind das Ergebnis jener Vorarbeiten, die im Abschnitt „Gutachten" er-

Bauzeitenplan Block C-Nord — **Stand: 13.11.1995**

Nr.	Vorgangsname	Dauer	Anfang	Ende
59	Aufzug Haus 73 - Stillegung, Sanierung, Inbetriebnahm	6w	Die 02.04.96	Fre 17.05.96
60	Aufzug Haus 75 - Stillegung, Sanierung, Inbetriebnahm	34t	Mon 22.07.96	Don 05.09.96
61	**Arbeiten an Balustrade u. Naturstein Hof**	56t	Mon 06.05.96	Mit 24.07.96
62	Gerüstaufbau	1w	Mon 06.05.96	Fre 10.05.96
63	Natursteinarbeiten Reinigung, Steinersatz	4w	Mon 13.05.96	Die 11.06.96
64	Arbeiten an der Balustrade	2w	Mon 13.05.96	Die 28.05.96
65	Maurer- und Putzarbeiten	3w	Mon 13.05.96	Die 04.06.96
66	Abbruch der Dachbeläge Zug um Zug	1w	Mit 05.06.96	Die 11.06.96
67	Einbau der Dichtungen, Zinkarbeiten, Beläge	3w	Mit 12.06.96	Die 02.07.96
68	Fassadenanstrich	1w	Mit 26.06.96	Die 02.07.96
69	Gerüstabbau	3t	Mit 03.07.96	Fre 05.07.96
70	Sanierung der Kellertreppen	2w	Mon 08.07.96	Fre 19.07.96
71	Sanierung der Kellertreppen-Geländer Einbau	3t	Mon 22.07.96	Mit 24.07.96
72	**Arbeiten an Balustrade u.Natursteinarbeiten Straße**	48t	Mon 13.05.96	Fre 19.07.96
73	Gerüstaufbau	1w	Mon 13.05.96	Mon 20.05.96
74	Natursteinarbeiten Reinigung, Steinersatz	4w	Die 21.05.96	Die 18.06.96
75	Arbeiten an der Balustrade	2w	Mit 29.05.96	Die 11.06.96
76	Abbruch der Balkonbeläge Zug um Zug	1w	Mit 12.06.96	Die 18.06.96
77	Einbau der Dichtungen, Zinkarbeiten, Beläge	3w	Mit 19.06.96	Die 09.07.96
78	Einbau der Beleuchtung	1w	Mit 10.07.96	Die 16.07.96
79	Gerüstabbau	3t	Mit 17.07.96	Fre 19.07.96
80				
81	**Bauteil 3 - Karl-Marx-Allee 77, 79, 81, 83, 85**	248t	Mon 20.11.95	Don 28.11.96
82	**Hof-Fassade einschl. Gerüst**	145t	Fre 09.02.96	Die 10.09.96
83	Gerüst	6w	Fre 09.02.96	Die 26.03.96
84	Keramik abbauen	3w	Mit 27.03.96	Don 18.04.96
85	Fassade reinigen, Rohbau, Putzarbeiten	10w	Fre 19.04.96	Die 02.07.96
86	Abdeckungen der Gesimse und Erker - Zink	3w	Mit 03.07.96	Die 23.07.96
87	Anstrich	4w	Mit 24.07.96	Die 20.08.96

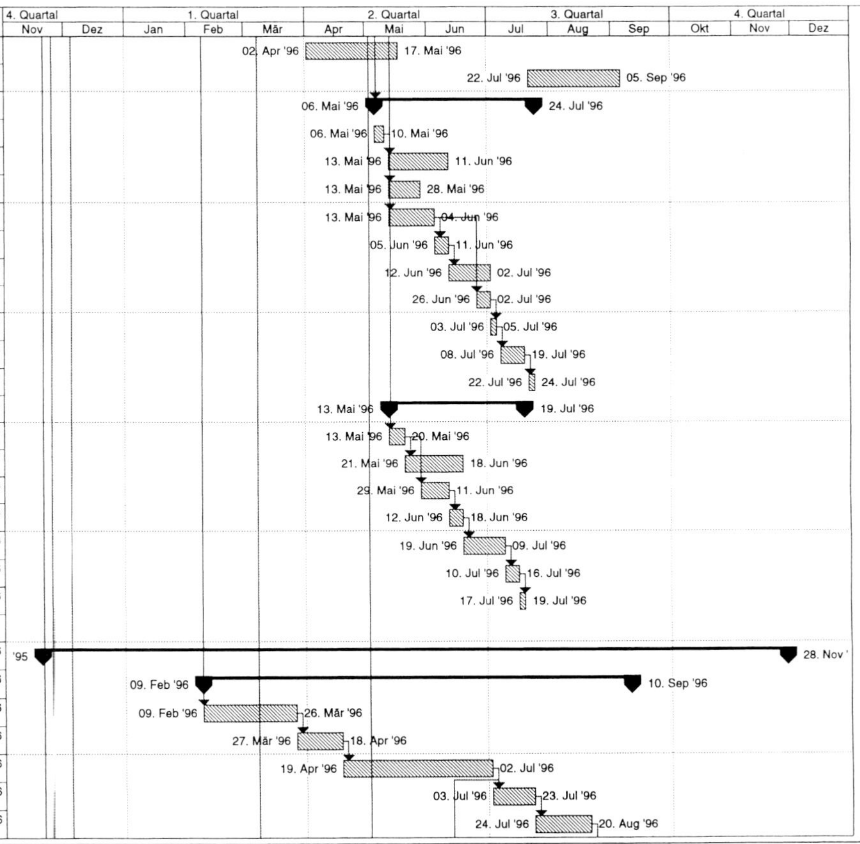

Gibbins, Bultmann und Partner, Büro Potsdam — Alle vorherigen Pläne verlieren mit neuem Plan Ihre Gültigkeit — Seite3

Für alle Arbeiten legen die Bauzeitpläne einzuhaltende Termine fest. Hier für Arbeiten an der Hoffassade von C-Nord: Arbeiten an den Natursteinelementen und parallel dazu die Vorbereitung an den später geputzten Fassadenteilen.

läutert wurden, und beinhalten auch jenen Posten von umgerechnet 50.000 DM je Wohnung, der notwendig war, die Auflagen der Denkmalpflege zu erfüllen.

Mit der Einhaltung der Kostenpläne hingen unmittelbar auch Art, Umfang und Qualität der zu erbringenden Leistungen zusammen. Da es die Förderrichtlinien des Programms „Stadtweite Maßnahmen" dem Bauherrn abverlangten, keinen Generalunternehmer mit den Instandsetzungsarbeiten zu betrauen, sondern diese durch Einzelvergabe zu realisieren und statt Pauschalverträgen Einheitsverträge abzuschließen, war die Transparenz von jeder Leistung (und der damit verbundenen Kosten) gegeben. Gleichzeitig war aber durch eine solche Detaillierung der Arbeiten auch die Schwierigkeit, die Kosten unter Kontrolle zu halten, gestiegen.

Wie die einzelnen Firmen durch frühzeitig beginnende und dann ständige Gespräche zu dieser schrittweise konkretisierten Leistungsdefinition gebracht wurden, ist im Abschnitt „Gutachten" erläutert worden. Damit nun während der Arbeiten aufgetretene Mängel – Motto: Es gibt nirgendwo mängelfreie Leistungen – nicht durch schnelle, freihändige Beauftragung durch die Bauleiter „aus der Welt geschafft" würden, war den Bauleitern verboten, dies zu tun. Und die beteiligten Firmen wurden entsprechend informiert.

Zum Thema der Arbeitsabläufe gehört noch ein anderes Arbeitsgebiet, das nur zum geringsten Teil durch den Rechner beherrscht wird: Wie man nämlich die im Hause wohnenden Mieter psychologisch richtig über die Reparaturbelästigungen informiert, sie ihnen besser zu ertragen hilft, und wie der „Einbruch der Baustelle in die Wohnung" auf ein Minimum beschränkt werden kann.

Um diesen Teil der Vorgehensweise bei den Instandsetzungsarbeiten zu würdigen, braucht man nur an das andere Extrem, das „Hinaus-Sanieren" zu erinnern, jene brutale Rücksichtslosigkeit den Mietern gegenüber, denen die in ihre Wohnung hereinbrechenden Modernisierungsarbeiten mit ihren vielfältigen Schikaneformen meist nur noch den legal sonst nicht durchsetzbaren Auszug aus ihrer Wohnung übrigließ.

Bei der Instandsetzung der C-Blöcke in der Karl-Marx-Allee ging man den entgegengesetzten Weg: Man nahm auf die Mieter Rücksicht – das galt auch für die Gewerbemieter für ihre Teilbereiche. Natürlich waren die Beeinträchtigungen durch die Fassadenarbeiten erheblich, denn monatelang waren Fassaden eingerüstet und eingehüllt. Doch sie blieben ja zumindest außerhalb der privaten Wohnung. (Später entfiel diese Belästigung durch den Einsatz mobiler Montagekräne.) Doch hier, beim kompletten Austausch aller Ver- und Entsorgungsleitungen und dem Ersatz aller Badeeinrichtungen einschließlich der Kacheln, war die Belästigung am stärksten, eben in der eigenen Wohnung, weshalb es hier auf eine minuziöse Vorbereitung, Koordinierung und Durchführung ankam, besonders auch deshalb, weil während dieser Arbeiten die Mieter in ihren Wohnungen verbleiben mußten. „Teil- und Zwischenumsetzungen waren nicht machbar. Daher mußte in einem detailliert abgestimmten Arbeitsplan die Sanierung der Küche und des Bades im Ablauf genau konzipiert werden. So wurde für die Sanierung einer Wohnung ein Zeitraum von einer Woche angenommen. Jeweils strangweise wurden die bestehenden Anlagen demontiert, und am gleichen Tage erfolgte die Neuinstallation der Fall- und Steigestränge. Auf diese Weise wurde erreicht, daß bereits am gleichen Tag die Ver- und Entsorgung für diesen Strang installiert war und daher die sanitäre Entsorgung bereits an diesem Tag wieder gewährleistet war. Die dann folgenden Installations-, Maurer-, Putz-, Fliesen- und Malerarbeiten mußten entsprechend getaktet und abgestimmt werden."[1] Die Reparaturen der Fenster verlängerten die Arbeiten um eine Woche.

Acht Wochen vor Arbeitsbeginn mußten die betroffenen Hausbewohner von den Sanierungsarbeiten informiert werden. Sie „waren dann verpflichtet, im Rahmen der angekündigten Zeit die Baumaßnahmen zu dulden und den Zugang zu den Wohnungen zu ermöglichen", wie R. Brau in dem o.a. Papier ausführt und dann fortfährt: „Die Betreuung der Mieter wurde vom Bauherrn zusätzlich durch eine Mieter-Betreuungsfirma unterstützt. Erschwerend für den Bauablauf wirkte sich jedoch aus, daß bei der Badsanierung viele Mieter Sonderwünsche hatten bzw. vom Vermieter Sonderlösungen zugestimmt wurden. Wir fanden auch Bäder vor, die bereits mit teuerster Keramik und Ausstattung saniert waren. Hier wurde in einigen Fällen Mieterwünschen entsprochen, die die Strangsanierung in der kurzen Taktzeit stark belastete."

Auch die Gewerbeflächen im Erd- und 1. Obergeschoß wurden durch die Wohnungssanierung in Mitleidenschaft gezogen, obwohl der Bauherr in ihnen keine Reparaturen durchführte. Da aber jeder Haustechnikstrang durch sie hindurch in den Keller führt, mußten alle betroffenen Gewerbeflächen in den Instandsetzungs-Terminplan einbezogen werden.

Die Erfahrungen, die alle Verantwortlichen bei den Instandsetzungsarbeiten bei den C-Blöcken machen konnten, bestätigten ihnen, daß Bausanierung kein Abenteuer mehr mit ungewissem Ausgang ist, sondern kalkulierbar und damit finanzierbar sein kann. Und diese Erfahrungen kommen den weiteren Sanierungsmaßnahmen in der Allee zugute.

Die Stalinallee als fast barocke Komposition der Baumassen: der Mittelteil von Block G-Nord wird auf der anderen Straßenseite symmetrisch von gleich entworfenen Baukörpern gefaßt. Der Einfluß der Moskauer Lehrmeister ist evident. Steigerung durch die langen Flügelbauten.

COMMERZBANK
Mo-Fr
7-17h

Es ist interessant, bei den Fassaden für gleiche Wohnungen die verschiedenen Elemente zu entdecken – obere Abschlüsse, Balkone und Erker, Schmuck, Hauseingänge und Ladenfronten –, die jedem Haus seine Individualität, aber allen gemeinsam ihre Verwandtschaft bescheren. **Obere Reihe:** E-Süd, F-Süd, F-Nord. **Untere Reihe:** D-Nord, B-Nord, D-Nord. **Rechts:** C-Süd

Ein Nebeneingang mit den Elementen dorischer Tempel in handwerklich guter Arbeit. Den Architrav schmücken Rosetten aus Metallguß. Ein schmiedeeisernes Gitter aus der Werkstatt Fritz Kühn mit Schmuckelementen zur Deutsch-Sowjetischen Freunschaft und zum Fünfjahresplan 1951–55. (Alles C-Süd)

Die beiden Fotos zeigen Arkaden am Strausberger Platz. Ursprünglich als wettergeschützte Verkaufsflächen („Lauben") genutzt, besteht ihre städtebauliche Aufgabe hier und an einigen anderen Stellen der Allee, die Grenzen zwischen Innen und Außen aufzuweichen und den betreffenden Bauten einen großstädtischen Eindruck zu vermitteln

Der Mitteleingang vom Block C-Nord wirkt mit den dorischen Säulen beeindruckend, doch die nur eingeschossige Eingangstür (hier eine bauliche Zwischenlösung) vermittelt wieder zum Wohnungsbau-Maßstab.

Ein Lehrbeispiel für architektonische Detailarbeit: drei Varianten eines Themas: Dorische Säulen mit jeweils anderen Abständen und dem dazugehörigen Gebälk (Block C). Ein anderer, seltener Eingang: Der Bau wird durch die Rundbogenöffnungen erschlossen, die Hauseingänge selbst liegen an den beiden Seiten der Durchgangshalle.

Drei Beispiele für Hauszugänge, “Geschmückt”, einladend, trotz der Stufen, Bogenfries und Plastiken (Block G) und dagegen die “moderne” Lösung, ebenfalls in der Karl-Marx-Allee, funktional, einfach, bequem, aber freudlos. Welch ein Verlust an Atmosphäre!

Bernt-Jürgen Schmidt
Maria-Louise Hall

Schloßfassaden? Seit dem Ornamentverbot durch die Moderne und die „bereinigten“ Altbaufassaden der Wiederaufbauzeit hatten wir vergessen, daß die geschmückte Fassade nicht nur vom Reichtum des Hausbesitzers künden sollte, sondern mehr noch sein Beitrag für ein schönes Straßenbild für alle war.

Ursprünglich waren die rückwärtigen Fassaden verputzt und mit einer gliedernden Keramikstruktur (rechts unten) versehen. Die vom früheren Schmuck entblößten Fassaden erweisen sich im Großen wie in der Einzelform als gut gegliederte Flächen, die in ihrer strengen Frische ausgesprochen großstädtisch sind und Berliner Flair haben.

Handwerkliche Instandsetzung

Schnitt (mit Befestigung am Bauwerk) und die Schnitt-Isometrie verdeutlichen den Aufbau der neuen Fassadenkonstruktion mit Hilfe der PEKATEX-Unterbauelemente. Die obere Fotoreihe zeigt den Fortschritt bei der Anbringung der keramischen Einzelteile mit unterschiedlicher Technik. Die unteren Fotos: Eine alte Rosette und ihre Rückseite mit abgekröpftem Keramiksteg, der in den frischen Mörtel gedrückt wurde. Links: heutige Arbeit in neuer Keramikfläche.

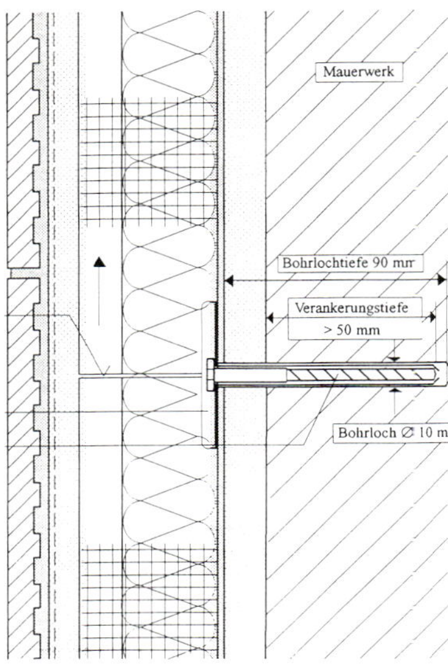

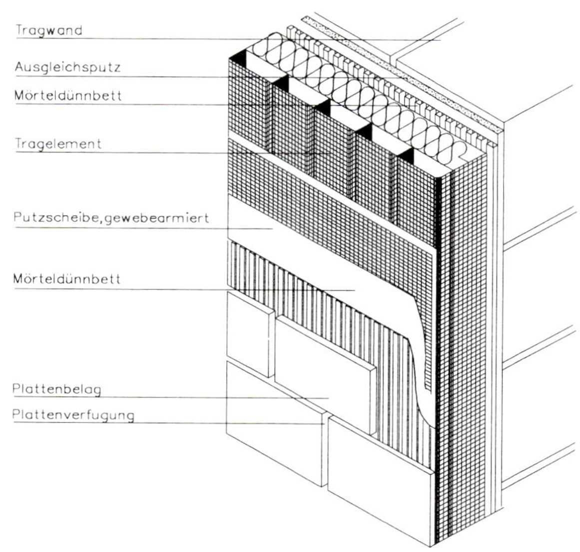

Handwerkliche Instandsetzung

a) Fenster und Wand, senkrechte Schnitte durch Fenster und Fassade. Alle drei Schnitte zeigen, wie die Flächen durch die PEKATEX-Matten und die Fensterumrahmung durch das Gerüst der „Husterschiene" bestimmte werden. (G+H-Montage G.m.b.H.)

b) Waagerechter Schnitt durch Fensternische. Alle Schnitte M 1 : 5.

c) Husterschiene: Isometrie mit angedeuteten keramischen Randprofilen; Profilstück, mit Keramik angeschraubt; beim Zusammensetzen eines Profilrahmens.

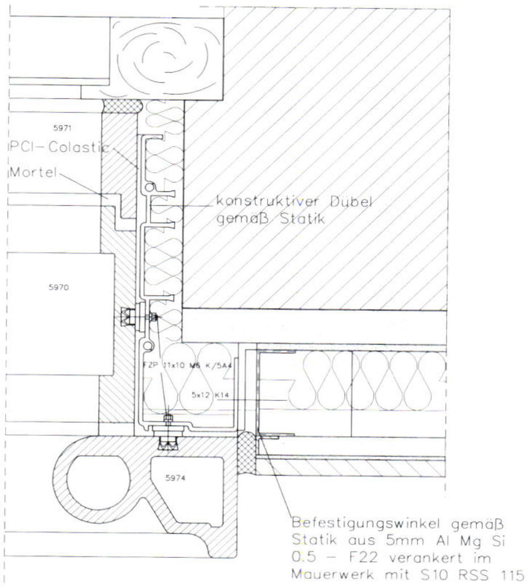

b)

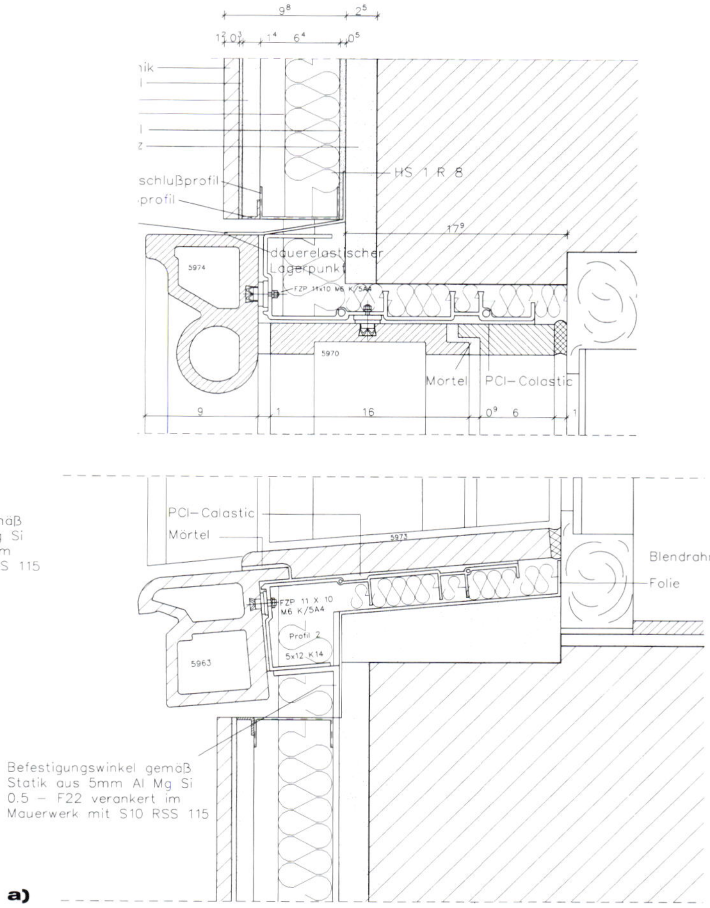

a)

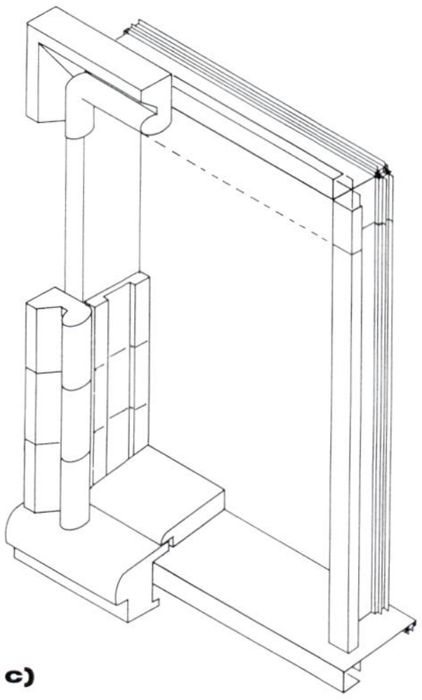

c)

Instandsetzung: Vorfabrikation und Montage

Präzision bei der Herstellung der Unterkonstruktion im Werk: Befestigung der schweren Keramikelemente für den Mittelrisalit auf der Unterkonstruktion, Aufbringen der Keramik auf die Trägerplatte, Bohrungen für mechanische Befestigungen. Untere Reihe: Die fertigen Fassadenelemente an der Baustelle, Unterkonstruktion am Gebäude befestigt. Auch die Flächenkeramik ist bestimmt von Originalentwurf der Einzelteile, sicherer Befestigung und den jetzt auf Dauer dichten Fugen.

Schmuckelemente bei den Tür- und Fensteröffnungen ein System von stabilen Verankerungen. Ihr korrosionsfreies Material und die mit dauerelastischem Kitt geschützten Anschlußfugen garantieren eine lange Sicherheit. Die Ebenen der Schmuckelemente und der Keramikfelder haben die gleichen Tiefenversprünge wie im originalen Bauzustand der Fassade, was durch den Wegfall der PEKATEX-Elemente im Bereich der Öffnungen erreicht wurde. Innerhalb der neuen Keramikfläche ist also die Plastizität der originalen wiederhergestellt, während die Fenster jetzt wesentlich tiefer hinter die Keramikoberläche zurücktreten. Das Atelier Frank Huster, Neckartenzlingen/ Wiesbaden hat im Auftrag der ausführenden Firmen für die Keramik um die Öffnungen an den Leibungen spezielle Aluminiumtragprofile („Husterschiene") entwickelt, wodurch diese Montagearbeiten beschleunigt, erleichtert und präziser durchgeführt werden konnten.

Über die Dachaufbauten ist an anderer Stelle berichtet.

Kurz nach Abschluß der Fassadensanierung bietet der Block C-Süd ein strahlendes Bild – fast zu perfekt, wenn man die heutige wirkliche Serienproduktion der Kacheln mit jener aus den fünfziger Jahren vergleicht, die, vielleicht homogen gewollt, nicht den gleichmäßigen Farbton erreichte und in manchen Partien der Fassade lebendiger wirkte. Andererseits ist es ein Ansinnen, heutige Keramikerzeugung mit „Fehlfarben" anreichern zu wollen. Auch hier gilt im übrigen, daß die neuen Platten ebenfalls einem Alterungsprozeß ausgeliefert sein werden.

Die Rosetten

Sie sind in der Stalinallee als beliebtes Schmuckmotiv des Klassizismus häufig verwendet worden: In der Mitte von ornamental herausgehobenen Fensterbrüstungsfeldern tauchen sie ebenso auf wie als bandartige Verzierungen der glatten Keramikflächen. Allein bei den Blöcken C-Nord und C-Süd hat man ursprünglich 25 verschiedene Formen und Größen verwendet, die dazu beitragen sollten, der schieren Vielzahl gleicher Fensterelemente einen Gegenpart zu bilden.

Bei den Sanierungsarbeiten stellte sich jedoch sehr früh heraus, daß der vereinbarte Kostenrahmen diese Vielfalt nicht mehr zuließ. Und – um das Ergebnis vorwegzunehmen – die Reduktion der 25 auf vier verschiedene Rosettenformen ist ein Verlust, der verschmerzt werden kann, auch wenn hier wieder ein Stück Authentizität den begrenzten Instandsetzungsmitteln geopfert werden mußte.

Die Vorlagen für die neuen Rosetten mußten wegen fehlender Original-Formen erst wieder geschaffen werden. Dies geschah in der Werkstätte von Balzer. Eine stabile Verankerung der über 40 cm großen und entsprechend plastisch geformten Scheiben mit dem Tragmauerwerk entwickelte Huster. Dabei wird die Platte mittels Hinterschnittdübeln auf einer Aluschiene befestigt, wobei man bis zu zwölf Ankerpunkte benötigt. Diese Schiene wird dann auf einer Grundschiene auf der Mauer verankert, wobei der sichere Halt und die unterschiedlichen Bewegungen von Rosette und Hausmauer aufgenommen werden können und der Anschluß an das benachbarte Keramikfeld sauber hergestellt werden kann. Die Montage ist Handarbeit auf dem Gerüst.

Sanierung Block C-Nord

Die Planung dafür begann etwa 12 Monate später als die für den Südblock, weshalb die dort gemachten Erfahrungen verwertet werden konnten. Insbesondere war die monatelange Verhüllung der Fassade für die Mieter in ihren Wohnungen eine unerträgliche Belastung, die jetzt vermieden werden sollte. Dabei tauchte schon früh der Gedanke der Vorfertigung größerer Fassadenelemente auf, wie sie in der Bundesrepublik seit längerem erprobt worden war.

Die Ausschreibung der Arbeiten für den Nordbau wollte Angebote für konventionelle und vorgefertigte Ausführung erhalten, und (nicht nur) der Preisvergleich fiel zugunsten der Montage aus. Die Montagefirma Wendker, Herten, die schon das zweite Pilotprojekt Stausberger Platz 2 an der Karl-Marx-Allee mit ihren Keramikwänden versehen hatte, erhielt im Dezember 1995 den Zuschlag für die Erneuerung von über 6.000 qm Fassadenfläche. Als Material wurden wiederum die Keramikerzeugnisse der Firma Korzilius und Söhne aus dem Westerwald ausgewählt.

Da im Gegensatz zur handwerklichen Aufbringung der Keramik bei Block Süd hier die vorgefertigten Elemente an der Fassade keine Korrektur mehr gestatteten und alle Fassaden in diesem Sinne höchst ungenau waren, wurden die Fassaden von C-Nord genauestens aufgemessen, was hier kostengünstig mit photogrammetrischen Aufnahmen und Nivellement durch Laserstrahlen erfolgte. Dadurch konnten die einzelnen Elemente präzise den vorhandenen und nicht mehr korrigierbaren Ungenauigkeiten angepaßt werden. Dies ist übrigens nirgendwo an der fertigen Fassade erkennbar. Für den Hersteller bedeutete dies beispielsweise, daß er bei der zuerst sanierten Giebelseite an der Koppenstraße bei nur 200 qm Wandfläche 20 verschiedene Elementgrößen herstellen mußte.

Wandaufbau und Konstruktion entsprechen im Prinzip jenen bei Neubauten. Die Unterkonstruktion besteht aus Leichtmetall-Strangpreßprofilen, die in ihrer Tiefe eventuelle Unebenheiten der Tragwände ausgleichen können, so daß das von ihnen gebildete Gerüst eine absolut ebene Montagefläche ergibt. Sie werden am Bau mit größtmöglicher Präzision angebracht, um die spätere „Paßgenauigkeit" der Platten zu garantieren. Ihr horizontales Achsmaß richtet sich nach dem Rhythmus von Fenster- und Pfeilerbreiten sowie den Standardgrößen der Platten von 1,25 m Breite und einer maximalen Länge von 3 m. Bei den geschlossenen Gebäudeecken wird das sonst stehende Plattenmaß von bei dieser Fassade ca. 125x250 cm um 90° gedreht, und die Platten sind jetzt bis zu 225 cm breit und nur 120 cm hoch.

Die Platten werden im Werk, liegend und bei gleichmäßiger Temperatur in folgenden Schritten hergestellt: Auf einen Leichtmetallträgerrahmen wird eine Trägerplatte aus Faserbeton für die Keramikelemente aufgeschraubt. Er hat den gleichen Ausdehnungskoeffizienten wie Keramik. Auf diese werden in Dünnbettmörtel die Keramikelemente aufgebracht und anschließend verfugt. Die schweren Fensterumrahmungen werden entweder durch eine entsprechend auskragende Stützkonstruktion oder im Normalfall auf der Trägerplatte zusätzlich mechanisch befestigt.

Zur Montage der Platten verwendet man einen Drehkran, mit dem die Elemente in die Unterkonstruktion sicher eingehängt werden. Dazu sind nur zwei Arbeiter auf einer vom Dach abgeseilten mobilen Arbeitsbühne notwendig. Die Plattenfugen werden dabei durch UV-beständige Silikondichtungsprofile

(Fortsetzung Seite 105)

Block C-Nord während der Sanierungsarbeiten. Das Foto zeigt alle Stufen von links: fertig, vorbereitet, verhängter Mittelteil, während die alte Keramik abgeschlagen wird, Fassadenteil mit Dämmplatten versehen, noch nicht sanierter Teil und Hausecke beim Abschlagen der Keramik hinter den Folien.

Der Westgiebel des Blocks C-Nord an der Kreuzung Karl-Marx-Allee zur Koppenstraße. **Links:** Der Zustand von 1995 zeigt den dringenden Handlungsbedarf **Rechts:** Nachdem die neuen, vorgefertigten Keramikelemente für Fenster, Sturzfeld und Brüstungsplatte sowie für die Flächenkeramik aufgebracht worden waren. Eine optisch buchstabengetreue Rekonstruktion, aber mit besserer Bautechnologie.

Mal reinschauen!
Herein!
Willkommen!

Nach dem Abbruch der Keramikteile wird im handwerklichen Verfahren zuerst die Stütz- und Isolierschicht aufgebracht, auf die die Kacheln Stück für Stück aufgemörtelt werden. Die schweren Profilstücke werden auf nichtrostende Tragelemente aufgeschraubt und verfugt.

Einzelteile der Keramikelemente und Rosette in Vorder- und Rückansicht (mit den Schrauben für die mechanische Befestigung).

Montage der Fertigelemente am Bau. Ein Autokran hievt Fertigteile vom Transporter an die betreffenden Fassadenstellen. Hier nehmen die Monteure auf einem höhenverstellbaren Arbeitsgerüst sie in Empfang. Links und rechts im Bild erkennt man die erst vorbereiteten Flächen: abgeschlagenes Rohmauerwerk, Aluminium-Unterkonstruktion und Dämmplatten. Ein festes Gerüst war nicht notwendig.

Oben: Vor Beginn der Baumaßnahmen.
Unten: Der Bau kurz vor Abschluß der Sanierungsarbeiten. Die ganze Fassade ist neu, am Mittelfeld legen die Arbeiter auf ihrem Montagegerüst letzte Hand an, auch die Dachaufbauten sind erneuert.

NECKERMANN

Schmuckarchitektur der 50er Jahre, vier Jahrzehnte später mit Akribie rekonstruiert. Block C-Süd nach der Instandsetzung.

Eine private Dachterasse auf C-Nord (Foto von 1995), provisorische private Nutzungen der Dachaufbauten und -terrassen, sowie eine historische Aufnahme von 1954 einer nicht genutzten Dachterrasse.

Tragende Mauern

Alle Gebäude sind konstruktiv Mauerwerksbauten, da wegen Zement- und Stahlmangel keine Betonkonstruktionen angewendet werden durften. Außenwände sind 38, teilweise 64 cm dick, tragende Innenwände 25 cm. Sie bestehen aus Trümmerziegeln unterschiedlicher Formate und Festigkeiten, was einen sauberen Verbund erschwerte. Als Mörtel wurde Zement-, Kalkzement- und Kalkmörtel festgestellt. An einigen Stellen gab es statt einem Steinverband Nester aus Trümmerschutt.

Die Wiederaufbau-Euphorie, die in den fünfziger Jahren überall in Europa Platz griff, war eine Mischung aus trotzigem Lebenswillen – „Wir wollen einen neuen Anfang um jeden Preis" – und schierer Not, was die Mittel dieses Aufbaus betraf. So wurden noch vorhandene tragfähige Kellerwände der Vorkriegsbauten dort genutzt, wo sie in den Grundriß paßten, statt sie erst zu beseitigen, um dann das Planum durchgehend neu aufzumauern.

Daß die Fachleute teilweise abweichende Meinungen äußerten, darüber berichten Nicolaus und Obeth.[1] Schon kurz nach der Veröffentlichung der Wettbewerbsausschreibung gab es „kritische Stimmen zu den Bedingungen". So bemängelte der Hochbauexperte Karl-Heinz Schultz aus Berlin-Mariendorf Ende Mai 1951 in einem Schreiben an Kurt Liebknecht „vor allem die vorgesehene Ziegelbauweise, die aus bautechnischen Gründen nicht geeignet sei für Hochhäuser mit acht Geschossen und mehr". Schultz weiter: „Kann bei einem Bauvorhaben von dem Ausmaß und der entscheidenden Bedeutung der Neugestaltung der Stalinallee bereits beim Vorentwurf den Bauingenieuren die Ziegelbauweise zur Bedingung gemacht werden, ohne daß damit der Fortschritt in der Bautechnik verhindert wird?"

Gegen die politische Entscheidung, in der Bautechnik keine Experimente einzugehen, gab es keine Chance, sie radikal in Frage zu stellen. Dies insbesondere auch deshalb, weil für Maurerarbeiten viele ungelernte Kräfte, oft auf der fragwürdigen Freiwilligen-Basis, zur Verfügung standen und Kosten dabei vernachlässigt werden konnten.

Deswegen war es wohl eine leichte Übertreibung, wenn in einer Publikation der Deutschen Bauakademie[2] Folgendes berichtet wurde: „Der Baublock des Abschnittes C-Nord wurde als Versuchsbau in der Montagebauweise durchgeführt. Die Stahlbetonfertigteile wurden in der Nähe der Stalinallee vorfabriziert und mittels eines Turmdrehkranes auf der Baustelle montiert." Nachgewiesen wurde ein Fassadenstück an der Straße der Pariser Kommune, das als Stahlbetonskelett mit Ziegelausfachung errichtet wurde.

Dazu Geist und Kürvers: „Der seitliche Trakt des Blocks C-Nord an der Stalinallee bzw. Fruchtstraße wurde in dieser Bauweise ausgeführt, ohne daß die für Mauerwerksbau entworfenen Grundrisse geändert werden mußten. Äußerlich unterscheidet sich dieser Gebäudeteil von den traditionell gemauerten nicht."[3] Jedenfalls hatte dieser Versuch keine Konsequenzen für die weiteren Bauten, er zeigt aber doch, daß es auch in der ersten Bauphase Verantwortliche gab, die nach neuen praktikablen Konstruktionen suchten.

Das blieb die Ausnahme, soweit bis heute Bauuntersuchungen durchgeführt wurden. Das tragende Mauerwerk war in der Stalinallee die Regel.

Die Qualität der Maurerarbeiten genügt nicht überall den heutigen, strengen Maßstäben. Das hängt nicht nur mit dem unhomogenen Steinmaterial zusammen, sondern wohl

Turmdrehkräne erleichterten und beschleunigten später den Materialtransport, aber es wurde weiterhin Stein auf Stein gesetzt.

auch mit der durch die immer höhergeschraubten Arbeits-Normen unausweichlichen Hektik, die zum Beispiel schuld an manchmal beträchtlichen Senkrechtabweichungen hat. Um die besonders wegen einer fehlenden nennenswerten Baurationalisierung aberwitzig kurze Rohbauzeit einzuhalten, mußten alle Beteiligten ein mörderisches Arbeitstempo einhalten. Das wiederum wurde in dem zitierten Bericht der Deutschen Bauakademie als Sieg der neuen Arbeitsmethoden gefeiert: „Im großen Maßstab wurde bei den Bauten der Stalinallee die Tillesche Ecklehre angewandt. Durch Wegfall des Lotens konnte eine wesentliche Steigerung der Arbeitsproduktivität erreicht werden. Besonders gute Ergebnisse wurden dabei auf der Lehrlingsbaustelle am Block E-Süd erzielt. Im Verlauf der Arbeit an der Stalinallee erhöhten die Kollegen Semm und Faust ihre Norm um 10%. Kollege Schönbeck, der am Block E-Nord arbeitete, erfüllte täglich seine Norm mit 200%."[4] All dies trug auch zu den Unruhen bei, die am 17. Juni 1953 die damalige DDR erschütterten. Trotzdem wurde bereits am 27.9.1953 Richtfest gefeiert. Im nachhinein aber wirkt der Stolz über das Erreichte auch heute noch. Ein Bericht erinnert an „... eine mitreißende hoffnungsvolle Bereitschaft der Bevölkerung zur kollektiven Tat für ihre Stadt, für ihr Leben in dieser ihrer Stadt".[5] Das sollte man heute nicht vergessen. Doch unleugbar ist auch der teilweise niedrige Ausführungsstandard, der schon sehr früh, besonders aber erst nach der Wende, offenbar wurde und durch unzureichendes Baumaterial, besonders aber durch das Arbeitstempo unvermeidbar geworden war.

Die Diskrepanz zwischen primitiv-konventionellem Mauerwerksbau und der neuartigen, damals bauphysikalisch überhaupt noch nicht beherrschten Keramikbekleidung läßt angesichts mancher Baumängel heute eigentlich nur den Schluß zu, daß die immer wieder betonte Wissenschaftlichkeit der Bauakademie letzten Endes von politischen Entscheidungen bestimmt wurde und wenig mit heutiger Forschungsarbeit gemein hatte.

Die wegen der Schäden an den Bekleidungen bis auf ihren Rohbauzustand rückgeführten Außenwände erwiesen sich jedoch als konstruktiv absolut standsicher. Dies ergaben auch die Untersuchungen des beauftragten Ingenieurbüros für Baustatik Pfeiffer, Corte und Dr. Dimitroff, Berlin.

Im Zusammenhang mit der Fassadensanierung des Pilotprojektes Karl-Marx-Allee 132 stellte die Bundesanstalt für Materialforschung und -prüfung (BAM)[6] fest: „Die Ausführung des Mauerwerksverbundes ist ansonsten regelmäßig. (...) Die Ausführung der Fugen ist sehr unterschiedlich. Während die Lagerfugen weitgehend vollständig vermörtelt sind, der Mörtel reicht jedoch nicht immer bis zur vorderen Steinkante, weisen die Stoßfugen häufig keine Vermörtelung auf." Angesichts mancher fragwürdiger Details und des trotzdem bestätigten guten Tragverhaltens

dieser Mauern nach fast einem halben Jahrhundert mag sich der Fachmann seine eigenen Gedanken zum heutigen, vielleicht doch überzogenen Regelwerk für Mauerwerksbauten machen.

Die Kelleraußenwände, ebenfalls aus Ziegelmauerwerk, zeigten bei der ersten Untersuchung auf der Innenseite Feuchtigkeitsschäden, die inzwischen behoben werden konnten. Ihre Außenseite muß noch geprüft werden.

Gemauerte Segmentbögen von gewaltigen Ausmaßen bestimmten zu Anfang Bautechnik und Form. Später wählte Hanns Hopp für G-Nord plattenverkleidete ähnliche Bögen aus Beton.

Geschoßdecken

Auch bei den Decken spiegelt sich die ganze Schwierigkeit wider, eine solche Mammutaufgabe in so kurzer Zeit zu realisieren: Die Grundlagen von Industrialisierung und Typisierung waren noch sehr schmal, die Erfahrungen mit neuartigen Deckensystemen noch jung und die Kapazitäten der eigens eingerichteten Feldfabrik nicht ausreichend.

Deshalb verbaute man neben der so bezeichneten DIN-Decke eine andere Montagedecke, die Stolte-Decke, eine seit fast einem Jahrhundert bewährte Konstruktion, sowie die „Preußische Kappe“.[1)]

Daß dabei manchmal technisch-konstruktiver Anspruch und Baustellenwirklichkeit auseinanderklafften, gab es bei der damaligen Aufbau-Euphorie nicht nur an der Stalinallee, sondern natürlich auch im Westen.

Wie dieses Problem gelöst wurde, soll am Beispiel der DIN-Decken dargestellt werden.

Die Geschoßdecken bestehen aus 24 cm breiten und ebenso hohen Füllkörpern sowie vorgefertigten Stahlbetonbalken, 21 cm hoch, auf denen diese ruhen. Die Hohlräume zwischen beiden sind ausbetoniert. Die Decke besitzt eine 2,5 cm dicke meist unbewehrte Druckschicht aus Beton. Die Unterseite, ebenfalls aus Beton, ist ohne Putzträgerschicht verputzt.

Ihre Achsmaße betragen je nach Spannweite 62,5 cm oder 50 cm. Unter leichten Trennwänden innerhalb des Deckenfeldes werden zwei Stahlbetonbalken nebeneinander gelegt und der Vergußbeton bis Unterkante Trennwand hochgeführt. Damit werden Lasten direkt auf die Tragdecke übertragen. Die Decken sind mit einer 1 cm dicken Dämmung abgedeckt, die als Trittschalldämmung wirkt. Auf ihr sind 4 cm Ausgleichbeton und 2,5 cm Terrazzoboden aufgebracht.

Die Deckenkonstruktion wies, wie in einem Gutachten[2)] aus dem Jahr 1977 festgestellt wurde, Mängel auf. Ob ihre Ursache schlechtes Material der Hohlkörper, falsche Details oder unsachgemäße Ausführung war, oder alle drei Faktoren zusammenwirkten, wurde nicht untersucht.

Auszüge:

„Die Deckenschäden beziehen sich ausschließlich auf die Hohlkörper. Die übrigen Konstruktionsteile weisen augenscheinlich einen funktionstüchtigen Zustand auf. ... (Zur Sanierung) wurde eine Bauplatte aus ‚Sokalit MFK‘ gewählt. Diese Bauplatte ist in ihrer äußeren Form und in ihren Verarbeitungsvorschriften der Gipskartonplatte ähnlich. Zur Befestigung der Sokalit-MFK-Platte wird eine Konstruktion aus Holz gewählt.

Sokalit ist ein Gemisch aus Magnesiumverbindungen, gebranntem Kalk oder Dolomit, unorganischen Fasern ... Sie besitzt einen hohen Feuerwiderstand.“

Zur Ausführung sagt der Gutachter weiter: „Die Sokalit-MFK-Platten werden so angebracht, daß sie sich in direktem Kontakt mit den Stahlbetonbalken befinden. Zur Befestigung der Platten dürfen die DIN-F-Balken nicht benutzt werden, da die geringste Schwächung durch Dübel und ähnliches die Tragfähigkeit der Balken beeinträchtigt. Es ist eine Holzkonstruktion notwendig.“

Die untenstehende Querschnittszeichnung verdeutlicht den erheblichen Arbeitsaufwand vor 20 Jahren, um die Decke wieder zu einem vollwertigen Konstruktions-Glied zu machen.

Ähnliche Schäden entstanden durch spontane Umbaumaßnahmen in den gewerblich genutzten Räumen, die auch inzwischen behoben wurden.

Geschoßdecken: Konstruktionen, Sanierungsvorschlag

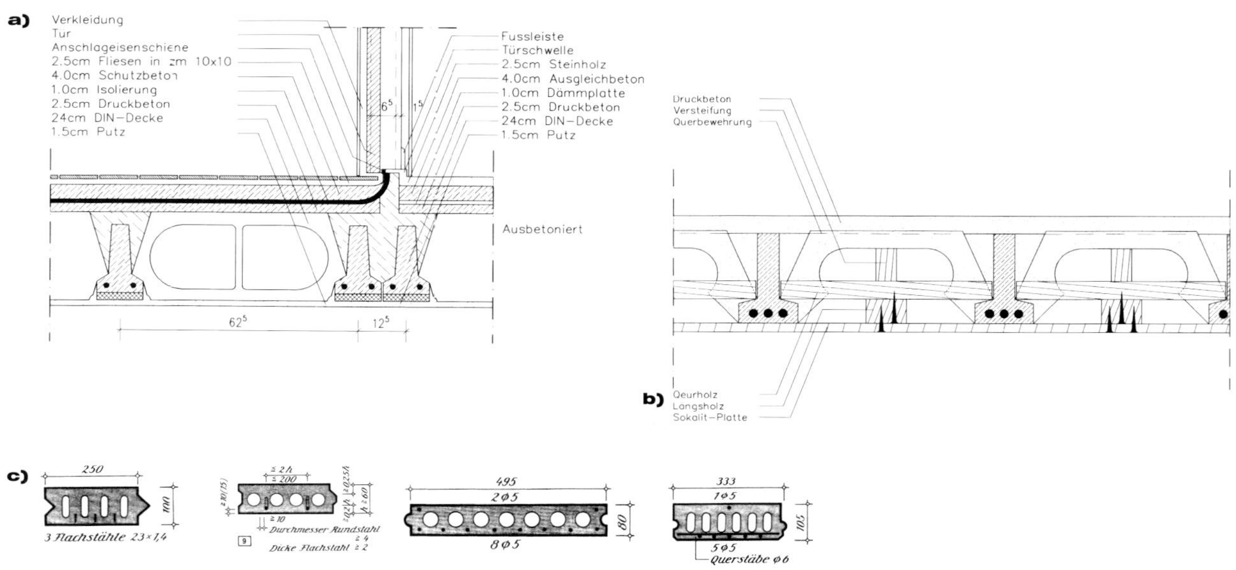

a) Ursprünglicher Entwurf der Meisterwerkstatt III von 1952. Querschnitt der DIN-Decke mit zwei verschiedenen Fußbodenaufbauten. Alle Zeichnungen M 1 : 20.

b) Querschnitt durch eine sanierte DIN-Decke. Der Deckenaufbau ist vereinfacht dargestellt. (1977)

c) Verschiedene Formen der Stolte Diele. Links die Urform von 1902, anschließend Verbesserungen nach DIN 4028. Alle Stolte-Dielen waren selbsttragende Rohdecken.

Ein „Etagenkran", so die zeitgenössische Bezeichnung, wird von seinem Konstrukteur, Horst Wiedemann, überprüft. Dieser einfache, jedoch sehr effiziente Kran, hat gerade einen vorgefertigten Stahlbetonsturz nach oben befördert.

Hauseingänge vor der Instandsetzung. Links C-Süd, rechts C-Nord. Wände und Türen haben nicht mehr die Originalfarbtöne von 1953, sondern zeigen solche von einer Reparatur in den Siebzigern.

Einrichtungen zum Leben in der Allee

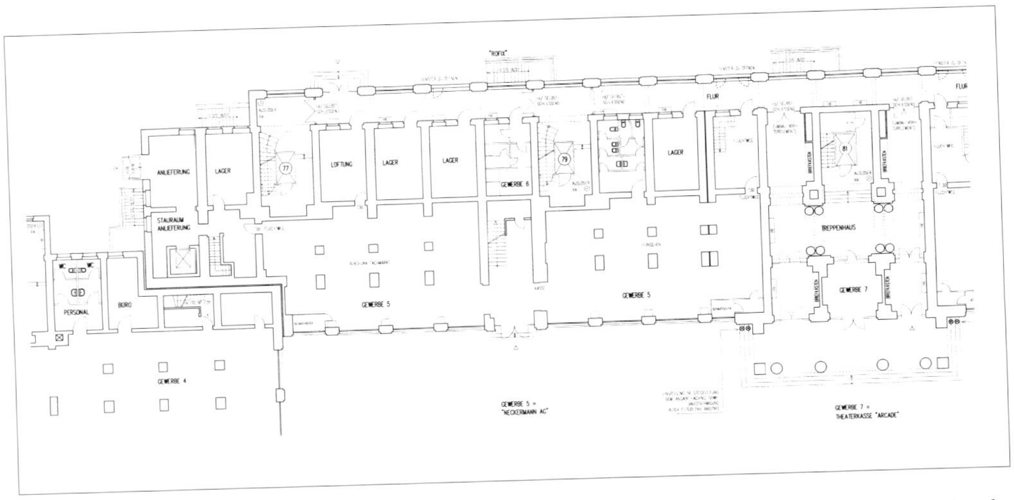

Die meisten historischen Darstellungen der ehemaligen Stalinallee erwähnen, wenn überhaupt, die Läden, Kinos und Cafés nur am Rande. Das hat zwei Gründe. Der erste: In der heroisch-monumentalen Architektur der Arbeiterpaläste waren einfache Stätten der täglichen Bedarfsdeckung störend, weshalb man auch sie dem monumentalen Kanon unterwarf. Nach dem Formkanon aller Palastarchitektur war das Erdgeschoß niedrig, oft mit Rustikamauerwerk und kleineren Fenstern gekennzeichnet, wohingegen das darauffolgende Geschoß als „Piano nobile" die ganze Pracht und Herrlichkeit einschließlich sehr großer Raumhöhen entfaltete. Die Wohnpaläste der dreißiger Jahre hatten zwei Lösungen: Entweder erhöhten sie den schweren Sockel um ein Mezzanin, wie es Fedorow, Burow und Wissing an der Chaussee der Enthusiasten 1957 – und in Berlin die Architekten der Stalinallee gemacht hatten. Oder aber, sie drehten die Ordnung um, gaben dem Sockel jetzt doppelte Geschoßhöhe – wie den darin untergebrachten Läden, wie es 1951 die Architekten Posochin, Mndojanz und Wochonsky in ihrem Wohnhochhaus am Moskauer Wosstanja-Platz beispielhaft gelöst hatten. Außenreklame hätte in beiden Fällen die heroische Architektur gestört, was ja auch heute ein Prolem bei den Firmenlogos an den Karl-Marx-Allee-Geschäften darstellt. Der zweite Grund ist zeitbedingt, und die Voraussetzungen waren trotz aller Gegensätze im Ost- wie im Westteil Berlins gleich. Zu Beginn der fünfziger Jahre gab es Kaufen und Konsum als relevantes Städtebauthema noch nicht, denn damals sorgten sich alle Politiker – jeder auf seine Weise – um die Versorgung der Bevölkerung. Bei den einen waren es die HO-Läden[1)], bei den anderen die unternehmerischen Einzelhändler und bald darauf die ersten Filialisten.

Doch wo man die Läden plazieren wollte, zeigt schon den Riß zwischen östlichen und westlichen Planungskonzepten. Im Westen setzte sich immer stärker die Funktionen-Trennungsideologie der „Charta von Athen" durch, was bei den Architekten auch ihrem Wunsch nach „reinen", nämlich monofunktionalen Baukörpern entsprach. Denn Wohnhäuser waren für sie Manifeste einer neuen Baugesinnung, die das richtige Wohnen „für den neuen Menschen" ausdrücken sollten, während jede Art von Versorgung irgendwo getrennt vom Wohnen untergebracht wurde. Dafür gab es aber weder praktische Gründe, etwa den bequemeren Einkauf, noch verkaufstechnische, etwa die räumliche Zusammenfassung mehrerer Einzelläden zu einem Großladen. Hier hieß es – noch – „Ideologie gegen Tante Emma", woraus erst später „Kapital gegen Tante Emma" wurde.

Im Gegensatz zu dieser westlichen Vorstellung stand in der Ausschreibung vom 25. April 1951 des Wettbewerbs Stalinallee, daß die Läden in den Erdgeschossen der Wohnbauten (außer ihnen gab es ja keine Gebäude) unterzubringen seien. Verlangt wurden insgesamt 1.200 qm für „durchlaufende", also wohl „Groß"-Läden und 710 qm für Einzelläden. Das sind 1.910 qm Ladenfläche, wozu noch Lager und Nebenräume von 1.850 qm zu erstellen waren. Wenn man für die zwölf Blöcke, die das Wettbewerbsprogramm umfaßte, mit etwa 3.000 Wohnungen=Familien rechnet und an die angrenzenden Wohngebiete denkt, erscheint diese Verkaufsfläche äußerst gering, auch unter den obwaltenden Versorgungsschwierigkeiten. Andererseits verfügt mancher Block über etwa 4.000 qm möglicher Ladennutzfläche, was beides darauf schließen läßt, daß beim Wettbewerb die Versorgung der Wohnbevölkerung noch nicht ganz durchdacht war.

Aber es bleibt festzuhalten: Die Stalinallee sollte die Geschäfte in die Wohnbebauung auf die gleiche Weise integrieren, wie das in den letzten hundert Jahren üblich war und wie es das Gesicht aller Innenstädte bis heute prägt und es wohl auch in Zukunft tun wird.

Für einige Wohnblöcke haben die Architekten ein Zwischengeschoß entworfen, das entweder durch interne Treppen mit den dazugehörenden Läden im Erdgeschoß verbunden war oder aber in ihrer Lage und Größe nicht spezifizierte Sozialräume für die Mitarbeiter bzw. die 270 qm-Verwaltung (lt. Wettbewerbsausschreibung) aufnehmen sollte.

Bei der Spartenverteilung auf die einzelnen Läden scheint es sich während des Baues weniger um das Suchen nach einer möglichst optimalen Bedarfsdeckung, sondern mehr um die Befriedigung eines Prestigebedürfnisses der an den Verkaufsstellen interessierten Ministerien gehandelt zu haben. Ihnen unterstanden die Industrieläden für die von der Industrie produzierten Waren, etwa Fahrräder, während Spezialgeschäfte von anderen Organisationen geführt wurden.

Zum besseren Verständnis dessen, was damals Planung hieß, folgt hier ein Auszug aus einem Bericht[2)] über die Verhandlungen zwischen Vertretern von vier Ministerien, des Magistrats und des Rats von Friedrichshain am 3. Juli 1953:

Zweck dieser Besprechung war schlicht „die Zusammenstellung der Wünsche der Interessenten für die verfügbaren Läden im Block F-Nord und am neuen Bersarinplatz an Hand der Grundrisse".

Zunächst wurden die Wünsche abgefragt. Das Ministerium für Transportmittel und Landmaschinenbau meldete Bedarf für etwa 5.000 qm Verkaufs- und Nebenraumfläche für Fahrzeuge und Schiffsbau (Autos, Fahrräder, Motorräder, Segelboote, Ruderboote, Paddel-

Teilgrundriß des Erdgeschosses von C-Nord, M ca. 1 : 600. Die zur Verfügung stehende zusammenhängende Verkaufsfläche entspricht nicht den heute an Großläden für den täglichen Bedarf gestellten Anforderungen. Umbauten sind wirtschaftlich nicht möglich.

boote) an. Das Ministerium für allgem. Maschinenbau hatte die Auflage, drei Industrieläden zu errichten. Zwei bestanden schon (Zeiß-Ikon, Dresden, und ein Laden für elektroakustische Erzeugnisse). Das Ministerium wünschte sich einen Laden für Spezialleuchten (Leitbetrieb Kabelwerk Oberspree) mit 120 qm Verkaufsfläche. Das Ministerium für Leichtindustrie wünschte sich u.a. einen kleinen Laden für Spitzen.

Das Ministerium für Handel und Versorgung wünschte sich a) eine Gaststätte im Hochhaus, durchgehend durch sechs Geschosse (im Entwurf von Henselmann bereits berücksichtigt) und b) im Abschnitt Stalinallee West einen Laden für Zierfische mit 200 qm Verkaufsfläche. Dieser Zierfischladen blieb durch alle späteren Abwandlungen und Änderungen des Konzepts hindurch völlig unangefochten. Er behauptete einen sicheren Listenplatz durch alle Abänderungen des schließlich gefaßten Beschlusses zur Ladenaufteilung in der Stalinallee hindurch. Diese Resistenz hatten die Zierfische u.a. ihrer angeblichen Devisenträchtigkeit zu verdanken. (Ende Zitat)

Ein Merkblatt aus dem Jahr 1954 zeigt die damalige Verteilung der HO- und Konsum-Verkaufsstellen zwischen Strausberger Platz im Westen und Bersarinstraße (heute: Frankfurter Tor) im Osten. Noch 1953 meldete die Zeitschrift „Baumeister" (München): „Im Erdgeschoß fast überall Läden. Wo diese schon fertig sind, verkauft nur HO (staatl. Handelsorganisation). An anderen Blöcken sind die Läden vorerst vermauert (es gibt ja auch gar nicht so viel zu verkaufen)."[3]

Das Innere der meisten Läden wurde ab 1990 rigoros ausgeweidet und – soweit möglich – den neuen Vorstellungen und Bedürfnissen angepaßt. Der Verlust ist bedauerlich, weil die wenigen geretteten Interieurs zeigen, so das Leuchtengeschäft in Block C-Nord und das Kaufhaus des Kindes sowie der berühmte Zierfischladen, daß es sich hier um durchaus erhaltenswerte Zeugnisse der DDR-Kultur handelte. Und weil diese Läden heutigen Verkaufsanforderungen entsprechen, brauchen sie auch kein Museumsdasein zu fristen.

Da aber mit dem Zerbrechen der DDR auch deren Versorgungssystem zusammenbrach, wurden die meisten Ladenlokale von westdeutschen Filialisten, Reisebüros und Einzelhändlern, aber nicht nach dem Prinzip „Optimaler Branchenmix", sondern nach der Überlegung: Wo kann man seine Ladentheke aufstellen, um die ersehnte Westware zu verkaufen, übernommen. Die meisten ihrer Ladenlokale bieten ein trauriges Bild: Rückführung auf den Rohbauzustand, mitgebrachte Verkaufsregale und -tresen, nackte Leuchtstoffröhren an der Decke.

Von Ladenkultur ist nicht mehr viel übriggeblieben, und wie die augenblicklich im Umbau befindlichen Bankfilialen einmal aussehen werden, dafür bedarf es wenig Phantasie. Sie werden so sein wie alle anderen, also Corporate identity.

Eine erfreuliche Ausnahme (in mancher Hinsicht) bildet die alte/neue „Karl-Marx-Buchhandlung". Im Innern ist der Originalzustand erhalten mit Regalen aus solider Handwerksarbeit. Solange Buchformate und -angebot sich nicht ändern, hat der Laden Bestand. Doch Sortiments- oder Medienerweiterungen stoßen wegen des begrenzten, unflexiblen Grundrisses auf Widerstand. Und ob es irgendwann einmal wünschenswert sein kann, aus der Buch-Handlung ein neumodisches „Bücher-Land" mit allen innenräumlichen Nebenerscheinungen entstehen zu lassen, wird die Zukunft entscheiden. Der schon jetzt spürbare Platzmangel wäre auch nicht gut durch die Erweiterung ins Mezzanin zu beheben, da jede Zweigeschossigkeit Probleme der Überwachung und damit mehr Personal mit sich bringt.

Deshalb haben die Planer die Möglichkeit untersucht, alle Mezzanine, eventuell auch jene Flächen, die dort noch als Wohnungen genutzt werden, für Gewerbeunternehmen zu nutzen. Hier erweist sich die Dichte der vertikalen Erschließung von Vorteil, weil durch sie auch kleine Mieteinheiten ihr eigenes Treppenhaus erhalten. Die Umnutzung ist leicht zu bewerkstelligen, wie es das temporäre Baubüro der Architekten Gibbins, Bultmann und Partner in Block C-Nord vorgeführt hat.

Daß für Büros und ähnliche Nutzungen in diesem Stadtteil ein Bedarf besteht, zeigen entsprechende Neubauten im Umfeld der Karl-Marx-Allee. Sie tragen dazu bei, daß die Monostruktur – nämlich Wohnen – an der Karl-Marx-Allee durch vielfältige andere Nutzungen abgelöst werden wird. Das heißt auch: Das Quartier wird städtischer.

Die Schwierigkeiten bei der Läden-Umnutzung lauten: fast immer zu kleine Flächen, absolut gesehen, und zu kleine zusammenhängende Teilflächen für heute verlangte „Normalläden". Ursache dafür ist die durchgehende Massivbauweise der Wände, die bis in den Keller reichen, und die durch die Wohnungen bedingte geringe Gebäudetiefe.

Als Zwischenbemerkung: Daraus den Architekten der damaligen Stalinallee einen Vorwurf zu machen, entbehrt natürlich jeder Grundlage, da sie für eine bestimmte Zeit und für ein bestimmtes Wirtschaftssystem zu entwerfen hatten und bauliche Flexibilität in den 50er Jahren noch kein Thema war.

Da – zumindest in Block C-Nord und -Süd – die rückwärtige Galerie und die von hier erschlossenen Treppenhäuser für die Ladennutzung entfallen, reduziert sich diese auf kleine

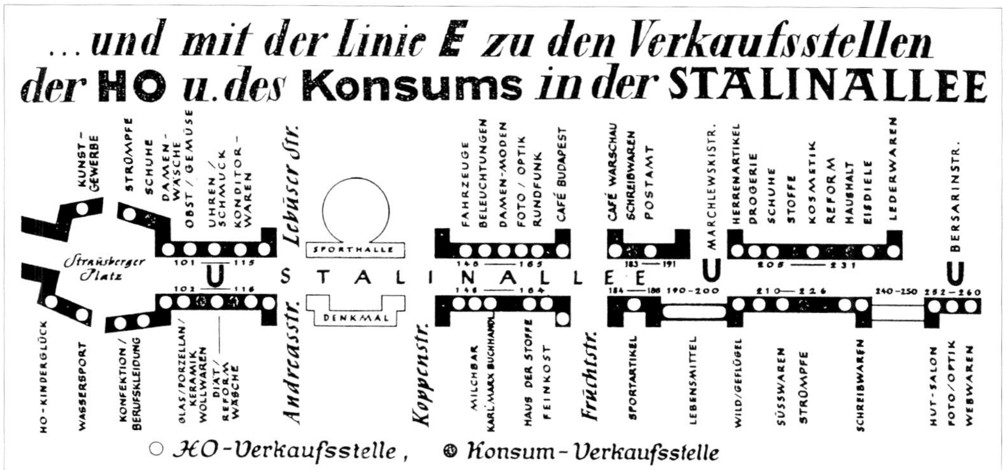

Wegweiser zu den Geschäften der Stalinallee auf einem U-Bahnfahrplan von 1954

Der seit Anfang der Stalinalle beim Frankfurter Tor existierende Laden für Zierfische hat sich trotz mancher Änderung bei den Versorgungsplanungen behaupten können, man sagt, wegen seiner Deviseneinnahmen. Kleine Schaufenster, vielleicht Aquarium-Assoziationen, unterstreichen die geschlossene Sockelzone.

Zierfische

nutzt werden. Ähnlich wie bei der Karl-Marx-Allee mit ihrer Nordseite ist das auch bei der Ostseite der Düsseldorfer Königsallee: Sonnenschein vorausgesetzt, ist immer nur die eine Straßenseite belebt, was sich auch ohne Planung durch die Ansiedlung unterschiedlicher Läden dokumentiert. Das hat auch Auswirkungen auf das sonnenunabhängige großstädtische Straßenleben am Abend, was sich nach ganz anderen Mustern richtet und nicht unbedingt die Ausdehnung des Straßenbetriebs in die Nacht heißt.

Das Grün spielt bei der Karl-Marx-Allee gestalterisch eine wichtige Rolle. Die Lindenalleen sorgen für Schatten, für neue, auf die Menschen bezogene Räume und geben insgesamt einen die Größe der Allee reduzierenden Maßstab (wie Champs-Elysées). Die mit den Bäumen zusammen komponierten Büsche und Grasflächen sind abwechslungsreich, benötigen jedoch recht viel Platz und eignen sich mehr für einen städtischen Garten als für straßenbegleitendes Grün.

Die Zukunft der Karl-Marx-Allee ist heute noch offen. Will man sie als Wohnstraße erhalten, muß der Verkehr drastisch reduziert werden, was nicht nur durch Fahrbahnrückbau, 30-km-Schilder oder ähnliches geschehen kann, sondern durch bauliche Maßnahmen, um die Riesenperspektive ohne jetzt sichtbaren Fluchtpunkt auf Fußgängerdistanzen zu bringen.

Will man auf der Allee und in ihrem Umfeld „Großstadt", wird sich soziologisch hier einiges ändern müssen. Vielfältigkeit heißt dann das Ziel, was sich auf die Nutzungen, die Wohnbevölkerung, die Zusammensetzung der hier Arbeitenden sowie die Straßengestalt auswirkt.

Ob bei dieser Maßnahme dann irgendwann einmal die Karl-Marx-Allee zu einem Boulevard werden wird, der dann auch seinen Namen zu Recht trägt, mag man angesichts jener früheren Boulevards, die degenerierten, und angesichts des Aussterbens aller Flaneure bezweifeln. Außerdem setzt Boulevard immer voraus, daß er im Kern der Stadt liegt; der aber ist seit den Kriegszerstörungen östlich des Alexanderplatzes zu Ende.

3. Ortsidentität

Die alte Stalinallee lag schon immer und die heutige Karl-Marx-Allee liegt noch immer fast wie eine Insel im Stadtteil Friedrichshain, durchzogen von einer Verkehrsschneise.

Und statt nach Utopien – wie Weltstadt-Boulevard-Status – zu greifen, kann die Zukunft der Straße viel eher darin liegen, in einer neuen Aufgabe ihren Charakter zwar zu bewahren, ihn aber auszubauen, ihn attraktiver zu machen, ihn nicht zu sehr eingeengt sich entwickeln zu lassen.

Das mag zwar wie Bilderstürmerei klingen, weil die Unverletzbarkeit des Denkmals in Teilen zur Disposition gestellt werden müßte, doch wird die Karl-Marx-Allee nur überleben, wenn man in ihr architektonische Vielfalt, funktionale Freiheit und echte Beteiligung von Betroffenen und (im begrenzten Rahmen) von Veränderer-Interessenten zuläßt.

Der Hinweis auf die Münchener Ludwigstraße und die an sie anschließende Leopoldstraße mag dieses Zukunftsbild verdeutlichen: Außerhalb des Stadtkerns die Ludwigstraße (einen Kilometer lang), ein Baudenkmal hohen Grades, seit Friedrich Gärtners Zeiten praktisch unberührt (und urban wenig aktiv), und hinter dem Siegestor die Leopoldstraße (ebenfalls einen Kilometer lang), ein Vorstadtboulevard mit einer unglaublichen Mischung und Vitalität, heute Inbegriff von „Schwabing", obwohl das irgendwo anders entstanden ist.

Man kann der Karl-Marx-Allee auch einen alles überwuchernden grünen Pelz verschreiben, wie das 1994 in einer international besetzten Werkstattwoche der Architektenkammern Hessen und Berlin vorgeschlagen wurde. Aber wäre das noch die Allee (die man vor lauter Bäumen nicht mehr sähe)? Oder muß man nicht versuchen, die „befohlene" Vergangenheit dieser Straße in eine lebendige Zukunft überzuführen, beides zu einer Einheit werden zu lassen?

Bevor mit hurtiger Feder hier eine Markthalle, dort eine Verwaltung entworfen wird, muß der Charakter und das Potential der Karl-Marx-Allee analysiert werden. Nicht unter der Gloriole sozialistischer Arbeiterpaläste, auch nicht als potentielles Futter für irgendwelche beutehungrigen Baulöwen, sondern als ein gebautes Stück Architektur, dem noch etwas Wichtiges fehlt: Die Stadtatmosphäre, die der Allee vielleicht die Lebendigkeit vermitteln kann, die ihr seit Anbeginn fehlte.

Architekten der Stalinallee: Wettbewerb 1951 und folgende Jahre

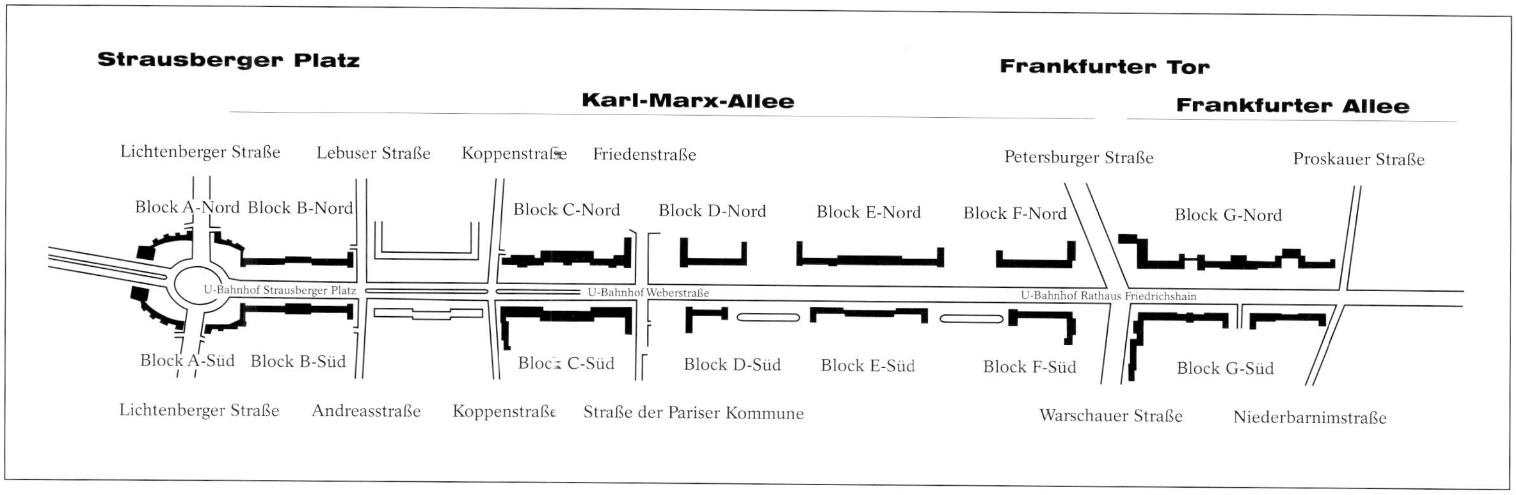

Egon Hartmann (1919). Studium in der CSSR und in Weimar, ab 1951 städteplanerische Arbeit in Thüringen, Entwurf Regierungsgebäude Erfurt. Ab 1954 Stadtplanung von Mainz, 1958 2. Preis im internationalen Wettbewerb „Hauptstadt Berlin“ (zusammen mit Walter Nickerl). Ab 1960 Stadtentwicklungsplanung von München. Block B-Nord und -Süd.

Hermann Henselmann (1905–1995). Studium an der Kunstgewerbeschule Berlin. Arbeit als Architekt in Berlin, im „Warthegau“, Prag. Ab 1945 Leiter der Hochschule in Weimar, ab 1951 Abteilungsleiter im Institut für Bauwesen, 1951–1953 Leiter der Meisterwerkstatt I an der Deutschen Bauakademie, 1953–1959 Chefarchitekt von Berlin, ab 1966 Chefarchitekt des Instituts für Städtebau, ab 1969 Leiter der Experimentalwerkstatt der Deutschen Bauakademie. Bebauung Strausberger Platz (A) und Frankfurter Tor.

Ludmilla Herzenstein (1906). Studium TH Berlin, bis 1931 Bauleiterin der Siedlung „Onkel Toms Hütte“, Berlin. Ab 1945 im Hauptamt für Planung II, ab 1949 Leitung des Entwurfskollektivs für die Wohnzelle Friedrichshain, später Stadtarchitektin des Bezirks Berlin-Weißensee. Die beiden Laubenganghäuser zwischen D-Süd, E-Süd und F-Süd.

Hanns Hopp (1890–1971). Studium in Karlsruhe und München. Ab 1919 im Stadterweiterungsamt Königsberg, 1946–1949 Direktor der Hochschule Burg Giebichenstein, 1950 Ministerium für Aufbau, 1951 Leiter der Meisterwerkstatt II der Deutschen Bauakademie. Block E-Nord und -Süd sowie Block G-Nord und -Süd.

Kurt W. Leucht (1913). Kunst- und Bauschule Plauen, 1937–1941 Mitarbeiter von Ernst Sagebiel, 1950 Leiter der Abteilung Städtebau im Ministerium für Aufbau, 1952 Planung von Stalinstadt, 1966–1969 Stadtarchitekt von Dresden. Block D-Nord und -Süd.

Reinhold Lingner (1903–1968), Gartenarchitekt. Ab 1945 Leiter des Hauptamtes für Grünplanung beim Magistrat, ab 1949 Leiter der Abteilung für Gartengestaltung im Institut für Bauwesen, später Deutsche Bauakademie, 1958 Planung der Internationalen Gartenbauausstellung Erfurt, 1961 Berufung an die Humboldt-Universität.

Richard Paulick (1903–1978). Studium an der TH Dresden und Berlin, 1927 Mitarbeiter von Gropius, 1928 (mit Zweigenthal u.a.) Hochgarage Kantstraße Berlin. Ab 1933 Architekt von „modern homes“ in Shanghai, 1945–1949 Leiter des Stadtplanungsamtes von Shanghai. 1950 Abteilungsleiter des Instituts für Bauwesen, ab 1951 Leiter der Meisterwerkstatt III an der Bauakademie. Ab 1956 Chefarchitekt von Hoyerswerda, ab 1962 von Schwedt und Halle-Neustadt. Block C-Nord und -Süd.

Karl Souradny (1904). Gewerbeschule Pilsen und TH Prag. Ab 1945 im Hochbauamt Leipzig zuständig für Sportforum, später Schwimmstadion, Planung für Bezirk Friedrichshain. War nicht am „Kienbaum-Plan“ beteiligt, statt seiner sein Mitarbeiter Auspurg. Block F-Nord und -Süd.

Anmerkungen/Abbildungsquellen

Anmerkungen

Die Zeit von 1948 bis 1965
1) Abk. für „Kommunistische Partei der Sowjetunion"
2) J. F. Geist und K. Kürvers, Das Berliner Mietshaus 1945–1989, München 1989, S. 308.
3) Vladimir Paperny, Kultura Dva, zitiert in: Peter Noever, Tyrannei des Schönen, München 1994, S. 17.
4) Die „Internationalen Kongresse für Moderne Architektur" (CIAM) formulierten auf ihrer Tagung 1933 in Griechenland ihre „Feststellungen für den Städtebau" – die „Charta von Athen". Ihre Vision ist die funktionalistische Stadt nach einer Formulierung Le Corbusiers, in welcher Wohnen, Arbeiten und Sich-Erholen räumlich getrennt sind und ihre eigenen Bereiche haben sollen.
5) Andreas Schätzke, Zwischen Bauhaus und Stalinallee, Architekturdiskussion im östlichen Deutschland, Braunschweig/ Wiesbaden 1991, S. 144.
6) „... der sogenannte Bauhaus-Stil (ist) ganz und gar nicht deutsch (...), sondern im Gegenteil ausgesprochen antinational und kosmopolitisch." Stellungnahme des „Neuen Deutschland" in „Für einen fortschrittlichen Städtebau für eine deutsche Architektur", Hg. Deutsche Akademie für Städtebau, Leipzig 1951, S. 55.
7) Kurt Liebknecht, Mein bewegtes Leben, Berlin 1986, S. 163.
8) Gesetzblatt der Deutschen Demokratischen Republik Nr. 104, 14. September 1950, §14.
9) s.S. 21
10) Zitiert in: H. Nicolaus/A. Obeth, Die Stalinallee, Geschichte einer Straße, Berlin 1996, hier: Typoskript S. 42.
11) Kurt W. Leucht, Der Wettbewerb Stalinallee, Berlin, in: Planen und Bauen, Sondernummer o.J. (1951) Berlin, S. 19 ff.
12) Zitiert in: Noever a.a.O., S. 19, aus: Architektura SSR, Moskau 1937, Nr. 7-8, S. 18.
13) Noever a.O. S. 132.
14) Simone Hain, Kolonialarchitektur? Die Stalinallee im Kontext internationaler Ästhetikdebatten seit 1930, in: Karl-Marx-Allee. Magistrale in Berlin, Berlin 1996, S. 75.
15) Bruno Flierl, Die Stalinallee in Berlin, in: Wissenschaftliche Zeitschrift, Hochschule für Architektur und Bauwesen, Weimar 1992, Reihe A: Heft 3/4 S. 142.
16) Bruno Flierl a.a.O. S. 142.
17) Vladimir Paperny, das Unlebendige und das Lebendige, in: Noever a.a.O. S. 39.
18) Simone Hain a.a.O., S. 101.

Die Stalinallee aus westlicher Sicht
1) Harald Bodenschatz, Platz frei für das neue Berlin!, Berlin 1987, S. 164.
2) Hg. von Karl Otto, Berlin 1959.
3) Interbau Berlin 1957, Amtlicher Katalog, Berlin 1957, S. 15.
4) In: Modelle für eine Stadt, Hg. von Vittorio Magnago-Lampugnani, Berlin 1984, S. 29f.
5) Julius Posener, Der Schauplatz Berlin, in: Dankwart Guratzsch, Das neue Berlin, Berlin 1987, S. 29f.
6) In: Architectural Record, Augustheft 1951
7) Alan Balfour, Berlin, The Politics of Order 1737–1989, New York 1990, S. 166.
8) In: Geschichte der Architektur des 19. und 20 Jahrhunderts, München, 1964, Bd 2, S. 394
9) Werner Durth, Volker Martin, Karl Pächter, Einzig die Stalinallee, in Stadtbauwelt 109, 1990, S. 617ff.
10) Hermann Henselmann, Ich habe Vorschläge gemacht, Hg. von Wolfgang Schäche, Berlin 1995.
11) Zitiert in: Der Spiegel vom 14. Mai 1952, S. 25. Scharoun spricht nicht von den Sowjets, sondern von den Russen.

Allgemeines zur Denkmalpflege
1) Werner Durth, Die große Magistrale, in der gleichnamigen Publikation der Wohnungsbaugesellschaft Friedrichshain, Berlin 1993, S. 25.
2) Der Spiegel, 29/1991 S. 160.
3) Wolf Schneider, Politischer Mord. Warum das Berliner Stadtschloß wieder aufgebaut werden sollte. In: Wochenpost vom 17. Januar 1997, S. 45.
4) Denkmalpflegerische Aspekte der Sanierung und Revitalisierung der Karl-Marx-Allee, in: Karl-Marx-Allee. Magistrale in Berlin. Berlin 1996, S. 194ff.

Arbeitsabläufe
1) Olaf Gibbins, Bautechnischer Zustand und Sanierungsmaßnahmen Großbaustelle Karl-Marx-Allee, in: Karl-Marx-Allee, Magistrale in Berlin, Berlin 1996, S. 178.

Fassaden und Instandsetzung
1) M. Wörner, D. Mollenschott und K.-H. Hüter, Architekturführer Berlin 1991.
2) Bruno Flierl, Die Stalinallee in Berlin, in: Wissenschaftliche Zeitschrift, Hochschule für Architektur und Bauwesen. Weimar 1992, Heft 3/4 S. 141.
3) Siehe dazu: Kurt Liebknecht, Zur Frage der Fensterformen, in: Deutsche Architektur 1952 Heft 2, S. 87ff.
4) Studie Fassadenrekonstruktion Karl-Marx-Allee. Hauptauftraggeber Komplexer Wohnungsbau Berlin-Friedrichshain, Auftragnehmer: VEB Projektierung, Instandsetzung und Rekonstruktion im VEB Baukombinat Modernisierung Berlin. Berlin, Juli 1986.

Dächer
1) Deutsche Bauakademie (Hg.), Die Stalinallee: Die erste sozialistische Straße der Hauptstadt Deutschlands Berlin, Berlin 1952, S. 35.
2) DWA Technik Leon W. Kreit, Düren, 2.5.1994.
3) DWA, a.a.O., Zeichnungen a, b S. 119.
4) DWA vom 21.12.1995.

Dachaufbauten
1) Gibbins, Bultmann & Partner, Baubeschreibung, in: Berlin. Die Magistrale, Denkmalfonds Nr. 2. Hg. von der DePfa Immobilienmanagement AG, 1994.

Tragende Mauern
1) In: Nicolaus/Obeth. Die Stalinallee. Geschichte einer Straße, Berlin 1996, Typoskript S. 42.
2) Deutsche Bauakademie (Hg.), Die Stalinallee. Die erste sozialistische Straße der Hauptstadt Deutschlands Berlin, 1952, S. 61.
3) In: J.F. Geist und K. Küvers. Das Berliner Mietshaus 1945–1989, München 1989, S. 519.
4) Siehe 2, S. 59f.
5) Bruno Flierl a.a.O., S. 141.
6) Bundesanstalt für Materialforschung und -prüfung, Gutachten für das Pilotprojekt Fassadensanierung Karl-Marx-Allee 132, AZ 2.2/23457, 10. Juni 1991.

Geschoßdecken
1) Weiteres bei Nicolaus/Obeth a.a.O., S. 59.
2) Verfasser: Dipl. Ing. Günter Kalweit, Berlin. 11.7.1977, maschinengeschriebenes Manuskript.

Einrichtungen zum Leben in der Allee
1) HO = Handelsorganisation, staatlicher Betrieb im Konsumgüterhandel der DDR, mittelbar dem Ministerium für Handel und Versorgung unterstellt.
2) Zitiert in: Johanna Böhm-Klein, Wohnen, Geschäftsleben und Infrastruktur in der Stalinallee, in: Karl-Marx-Alle, Magistrale in Berlin; Berlin 1996, S. 145
3) Ado Zander, Berlin wird ungeschminkt, Juniheft, S. 409

Zusammenfassung
1) Stadtplanung und Städtebau. In: Karl-Marx-Allee. Magistrale für Berlin, Berlin 1996, Seite 28

Abbildungsquellen

Bauwelt. Baukunst, Bautechnik, Bauwirtschaft. Berlin1958, Heft 29
Deutsche Bauakademie, Meisterwerkstatt III, Zeichnungen für das NationaleAufbauprogramm, Stalinallee Berlin, Abschnitt C, 1952
Die Stalinallee. Nationales Aufbauprogramm 1952. Verlag der Nation Berlin o.J. (1953)
30 Jahre sowjetische Architektur in der RSFSR, VEB Bibliographisches Institut Leipzig o.J.
J. Düwel (u.a. Hg.), 1945: Krieg – Zerstörung – Aufbau, Berlin 1995
H. Engel und W. Ribbe (Hg.), Karl-Marx-Allee. Magistrale in Berlin, Berlin 1996
J. F. Geist, K. Kürvers, Das Berliner Mietshaus 1945–1989. München 1989
INTERBAU BERLIN 1957. Amtlicher Katalog der Internationalen Bauausstellung
B. Lowry, Architektur der Renaissance. Ravensburg 1963
Mostra del Palladio. Vicenza/Basilica Palladiana, Electa Editrice o.J. (1973)
K. Otto (Hg.), Die Stadt von morgen. Berlin 1959
Hans Scharoun, Ausstellungskatalog, Akademie der Künste Berlin. Berlin 1967
W. Stäuble, Brasilia. Stuttgart 1965
H. Stimmann (Hg.), Großsiedlungen, Montagebau in Berlin (Ost). Senatsverwaltung für Bau- und Wohnungswesen Berlin. Bericht 8/1992
H. Wandersleb (Hg.), Neuer Wohnungsbau Bd. II. Ravensburg 1958
Zeichnungen und Pläne der Architekten Gibbins, Bultmann & Partner sowie der an den Instandsetzungsarbeiten beteiligten Firmen und Personen
G. Zeuchner, Stadtgestaltung. Berlin 1989
Landesarchiv, Berlin
Karte von Berlin, Bezirke Mitte und Friedrichshain

Karl-Marx-Allee
A-Nord
B-Nord
Strausberger Platz
A-Süd
B-Süd
Lichtenberger Straße
Lichtenberger Straße
Lebuser Straße
Andreasstraße
Koppenstraße
Koppenstraße